U0463731

全本全注全译

道德經

中华文化讲堂 注译

團結出版社

图书在版编目（CIP）数据

道德经 / 中华文化讲堂注译. —— 北京：团结出版社, 2016.11

（谦德国学文库）

ISBN 978-7-5126-4606-3

Ⅰ.①道… Ⅱ.①中… Ⅲ.①道家②《道德经》—注释③《道德经》—译文 Ⅳ.①B223.1

中国版本图书馆CIP数据核字(2016)第266627号

出版：团结出版社

（北京市东城区东皇城根南街84号 邮编：100006）

电话：(010) 65228880　　65244790　（传真）

网址：www.tjpress.com

Email：65244790@163.com

经销：全国新华书店

印刷：大厂回族自治县德诚印务有限公司

开本：148×210　1/32

印张：6.75

字数：135千字

版次：2017年5月　第1版

印次：2021年10月　第5次印刷

书号：978-7-5126-4606-3

定价：32.00元

《谦德国学文库》出版说明

人类进入二十一世纪以来，经济与科技超速发展，人们在体验经济繁荣和科技成果的同时，欲望的膨胀和内心的焦虑也日益放大。如何在物质繁荣的时代，让我们获得内心的满足和安详，从经典中获取智慧和慰藉，或许是我们不二的选择。

之所以要读经典，根本在于，我们应当更好地认识我们自己从何而来，去往何处。一个人如此，一个民族亦如此。一个爱读经典的人，其内心世界必定是丰富深邃的。而一个被经典浸润的民族，必定是一个思想丰赡、文化深厚的民族。因为，文化是民族之灵魂，一个民族如果不能认识其民族发展的精神源泉，必定就会失去其未来的生机。而一个民族的精神源泉，就保藏在经典之中。

今日，我们提倡复兴中华优秀传统文化，当自提倡重读经典始。然而，读经典之目的，绝不仅在徒增知识而已，应是古人所说的"变化气质"，进一步，是要引领我们进德修业。《易》曰："君子以多识前言往行，以蓄其德。"实乃读经典之要旨所在。

基于此理念，我们决定出版此套《谦德国学文库》，"谦德"，即本《周易》谦卦之精神。正如谦卦初六爻所言："谦谦君子，用涉大川"，我们期冀以谦虚恭敬之心，用今注今译的方式，让古圣先贤的教诲能够普及到每一个人。引导有心的读者，透过扫除古老经典的文字障碍，从而进入经典的智慧之海。

作为一套普及型的国学丛书，我们选择经典，不仅广泛选录以儒家文化为主的经、史、子、集，也将视野开拓到释、道的各种经典。一些大家所熟知的经典，基本全部收录。同时，有一些不太为人熟知，但有当代价值的经典，我们也选择性收录。整个丛书几乎囊括中国历史上哲学、史学、文学、宗教、科学、艺术等各领域的基本经典。

在注译工作方面，版本上我们主要以主流学界公认的权威版本为底本，在此基础上参考古今学者的研究成果，使整套丛书的注译既能博采众长而又独具一格。今文白话不求字字对应，只在保证文意准确的基础上进行了梳理，使译文更加通俗晓畅，更能贴合现代读者的阅读习惯。

古籍的注译，固然是现代读者进入经典的一条方便门径，然而这也仅仅是阅读经典的一个开端。要真正领悟经典的微言大义，我们提倡最好还是研读原本，因为再完美的白话语译，也不可能完全表达出文言经典的原有内涵，而这也正是中国经典的古典魅力所在吧。我们所做的工作，不过是打开阅读经典的一扇门而已。期望藉由此门，让更多读者能够领略经典的风采，走上领悟古人思想之路。进而在生活中体证，方能直趋圣贤之境，真得圣贤典籍之大用。

经典，是一代代的古圣先贤留给我们的恩泽与财富，是前辈先人的智慧精华。今日我们在享用这一份财富与恩泽时，更应对古人心存无尽的崇敬与感恩。我们虽恭敬从事，求备求全，然因学养所限、才力不及，舛误难免，恳请先贤原谅，读者海涵。期望这一套国学经典文库，能够为更多人打开博大精深之中华文化的大门。同时也期望得到各界人士的襄助和博雅君子的指正，让我们的工作能够做得更好！

团结出版社

2017年1月

前　言

　　《道德经》，又名《老子》《道德真经》《老子五千文》等，是中国古代先秦时期的一部重要著作，为诸子百家之源，是道家哲学思想的重要来源，被公认为是世界上最古老的哲学经典。只有五千字的《道德经》，被誉为"万经之王"，一直被称为中国传统典籍中最难读懂的一部经典。它对中国古老的哲学、科学、政治、宗教等，都产生了深刻的影响，同时，它对中华民族性格的形成，对政治的和谐与稳定，都起到过不可估量的作用。相传是春秋末期楚国人李耳骑青牛隐退时，途经函谷关，由尹喜拜求所留的经典。

　　《道德经》分上下两篇，原文上篇《德经》、下篇《道经》，不分章，后来改为《道经》三十七章在前，《德经》四十四章在后，总共分为八十一章。文本以哲学意义之"道德"为纲宗，论述修身、治国、用兵、养生之道，而又多归于治国为君的主张，文意深奥，涵义广博。上部重在道境道律之体，下部重在德理德法之用。

　　如果用三个关键词概括《道德经》的思想体系：第一个便是

"道"。"道"是规律，老子构建了一个囊括宇宙万物的规律，而顺应自然本性就是根本的规律。事物的发展不是单一静止的，而是无常变化的，对立的事物往往会互相转化，即阴阳转化，物极必反是万物演化的规律，说明事物本身是阴阳两极的统一体。"道"作为书中最抽象的概念，是天地万事万物之母，即原动力，而"德"是"道"在伦常领域的发展与表现，包括世界观以及为人处世的方法等。方法是来源于事物的原动力，也就是来源于道，老子主张纯朴淡泊、清静贵柔、谦让守弱等效法自然的德性。

第二个是"无为"。"无为"不是指什么都不做，而是顺应事物的自然本性，顺势而为，不折腾。无为一方面体现在尊重自然规律上，另一方面更重要的是弱化政治领袖的统治作用。老子主张对内无为而治，与民生息，对外和平共处，反对战争与暴力，理想的国家社会是朴素有序，清静和谐的。这就是老子所说的圣人之治，圣人是理想中的政治领袖，一般指上古时的几位政治治理的楷模。

第三个词是"自然"。"自然"也就是事情本来的样子，宇宙的发生和运行，其本身就是自然的、自在的。"道法自然"是《道德经》中的思想精华，"无不为"是"道"的作用，指道化生了万物，"无为"就是"法自然"，顺自然而为，就是"辅万物之自然而不敢为"，即一切都是顺客观规律而为，看似无主体作为，实际是无主观强行妄为。老子通过对自然界的观察，认为人保持柔弱如雌，是保存生命的必要良策，同时也是变得强大的基础，或者说，保持柔弱如雌本身就是一种强大。

老子，姓李名耳，字伯阳，又称老聃，是楚国苦县厉乡曲仁里人，在现在的河南鹿邑太清宫镇。他一生修道且长寿，大概活了一百多岁，比孔子年长20余岁，孔子曾经多次问道于老子。老子是中国古代思想先哲第一人，公认的中国哲学之父，也是道家学派的创始人。

据文献记载，老子自幼聪慧，静思好学，知识渊博，还拜精通天文地理、殷商礼乐的商容老先生为师，又入周太学，拜见博士，后来在守藏室做官。守藏室相当于周朝的国家图书馆，汇集天下的文献典籍。春秋时期的环境是周朝势微，各诸侯为了争夺霸主地位，战争不断。老子避世隐居时路过函谷关，被关令尹喜挽留，相谈甚欢。尹喜深感老子的思想无比重要，恳请老子写下来流传后世。于是，老子著述、经尹喜整理而成五千字的《道德经》。

《道德经》是诸子百家思想的源头，在其上而不在其内，先秦法家的韩非子曾经作《解老》《喻老》，他的法家思想部分来自《道德经》；孔子也曾经多次向老子问道，进而形成自己的儒家思想；连《孙子兵法》也是受启发于此，从军事角度延展了《道德经》的思想。更有后来的中医养生等理论，也与《道德经》一书有千丝万缕的联系。老子已经不止代表一本书或一个人，而代表一种圆满具足的源头智慧。他最可贵之处在于，与同时代的另外两位圣人孔子和佛陀相比，他只是从身边走过的谦谦长者，他没刻意讲究有威仪，没有众多门徒和集会，老子活出了自己所倡导的清静无为、上善若水，并以此启迪和滋养着无数困顿焦虑的心灵。

儒、道、释是中华文明的三大根基，老子、孔子是2500年来中国历代君王的导师，影响了中国两千多年的思想、文化和政治。汉桓帝曾亲自祭祀老子，把老子奉为"仙道之祖"；因为老子与唐朝的皇帝同姓，唐代皇帝尊封老子为"太上玄元皇帝"；道教内部则尊称老子为"太上老君"。中国古代有四位皇帝曾亲自注解《道德经》，他们是：唐玄宗李隆基、宋徽宗赵佶、明太祖朱元璋、和清世祖顺治。唐太宗李世民曾让举国上下都学习《道德经》，并以《道德经》精神作为治理国家的基本原则，以此创造了万国来朝的大唐盛世，令首都长安成为当时的世界中心。

老子的思想是全人类的共同财富，据联合国教科文组织统计，《道德经》是除了《圣经》以外被译成外国文字发布量最多的文化名著，外文译本总数有500种，仅德文译本多达82种，研究老子思想的专著也高达700多种。《道德经》被越来越多的西方学者所关注，并不遗余力地探求其中的奥秘，寻求人类智慧的源头。《道德经》寥寥五千言，却是全人类取之不尽的文化宝藏，其精神内核被越来越多的西方哲学家和思想家们所重视。

《道德经》一书版本众多，比较有代表性的有：郭店竹书本、马王堆帛书《老子》甲乙本、北京大学收藏的西汉竹书本、河上公本等，注释《道德经》的学者更是不胜枚举。我们这次注释的《道德经》，释译以王弼注解本为底本，每一章都作了题解，对正文有详细的注释和翻译，适合不同古文水平的爱好者阅读。由于注译者水平所限，其中定有不妥之处，敬请读者批评指正。

目　录

道　经

德 经

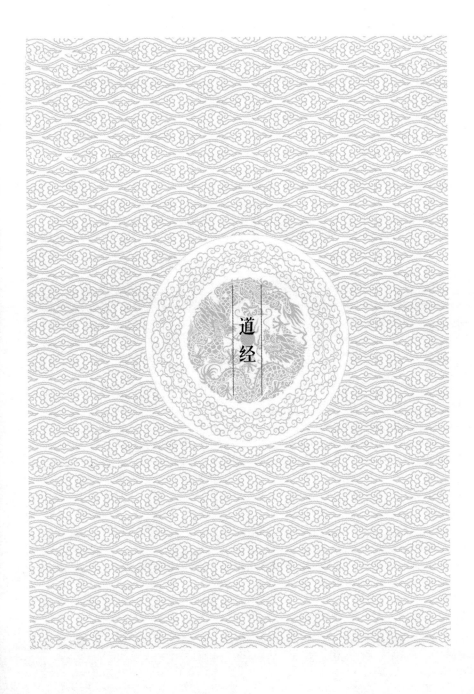

道经

【题解】圣人老子开宗明义,开篇便破天荒地指出了宇宙人生的真理实相、天地万物的主宰本源,即无为真空大道。他开篇便阐述了大道生成天地万物的自然规律,并告诫"万物之灵长,宇宙之精华"的人类只有清静无为,虚极静笃,天人合一,才能归根复性,返本还原。本章阐明了宇宙的缔造者,并指出了观察体悟大道的方法。

道①可道②,非常道③。名④可名⑤,非常名⑥。无名⑦天地之始;有名⑧万物之母。故常无⑨,欲以观其妙⑩;常有⑪,欲以观其徼⑫。此两者⑬同出而异名,同谓之玄⑭。玄之又玄,众妙⑮之门⑯。

【注释】①道:指宇宙的本原和实质,引申为原理、原则、真理、规律等。②可道:可以阐述明白,解说清楚之意。③常道:指不生不灭、无形无相、恒久不变、贯通古今的无为大道。④名:称名。指自然规律的形态。⑤可名:可以称名、命名。⑥常名:指可以恒久全能地表明"道"的本质和形态的称名。⑦无名：即无形无相、混沌之初、天地未开、阴阳未判，道无名姓。⑧有名：即无极始盈、太极初现、乾坤初奠，道生万物。⑨常无：指道之清净无为、无着无相的心态。⑩妙：微妙，要妙。⑪常有：指道之有名有为的实有方法。⑫徼：边际、边界。引申为端倪之意。⑬两者：指"常有"和"常无"。⑭玄：玄妙精深。⑮众妙：指宇宙万有、天地万物的奥妙变化。⑯门：门径。

【译文】可以解说的清楚明白的道，就已经不是贯通古今、恒常不变、不生不灭的大道之本身了。如果真的为大道命名，那就已经不是真正意义上的大道之本身了（一切可以解说、称名的修饰语都是形容道，指向道，但不是道的本身。就像指向月亮的手指，只是手指而不是月亮本身一样）。

无为大道不可言说，不可思议，即鸿蒙未兆之先，天地未开、阴阳未判，混沌一片，寂然不动，渺无一然，道无名姓。勉强为之命名曰道，即无极始盈、太极初现、乾坤初奠。和气周流、孕育群生，有天地而生人类，有人类而生万物（即道生一，一生二，二生三，三生万物）无极大道即为万事万物的母体本原。

所以，人类要返本还原，觉悟本来，如果用寂然不动、无心无欲的心态来观察体悟宇宙人生、万事万物，就会领悟到无始无终、无声无臭、无形无状、无名无字、千古不易、万世不变、生化万有的真实面目、真空大道。如果我们以识心动念、研究考证的方式来观察体悟宇宙自然的一切，就能观察到千变万化、潮起潮落、生生死死、缘起缘灭等无数的大千世界。就会领悟出万有归空，空而不空，复生万有的造化之源，万物之母。

"常无"和"常有"，这两者都是由无极真空大道而生。然而寂然不动，一念不生，即是鸿蒙之初，没有万物生发的征兆，不能说"有"；忽然始动，心念初生，即是无极始盈，万物初生，形色已立，不能说"无"。因此说"无"和"有"不可提摸，不可思议，无形象，无言说，即空即有，非空非有，至静至明，至圆至活，至真至常，浑化无端，妙用无方。（人若湛然清静，无念无欲，即便是性理道体之所在，无名天地之始；人若一着欲念，念念横生，即便是功效妙用之所在，有名万物之母。）

大道渺茫幽深，玄而莫测，妙而难言，至极之又极，微之又微，真之又真，妙之又妙，造化无穷，在太虚为太虚之妙，在天地为天地之妙，在万物为万物之妙，一切有形有色，皆是出自大道的无穷妙用。

第二章

【题解】圣人老子在本章提出了朴素的自然辩证法, 并指导人类处于矛盾对立的世界只有合二为一, 顺应自然, 运用大道无为的自然规律, 才可以立百世功, 成千秋利, 有万代名。功迹才能不随着时空的转移而销声匿迹。

天下皆知美之为美, 斯①恶②已; 皆知善之为善, 斯不善已。故有无相生③, 难易相成④, 长短相较⑤, 高下相倾⑥, 音声⑦相和⑧, 前后相随⑨。是以圣人⑩处无为⑪之事, 行不言之教⑫; 万物作⑬焉而不辞⑭。生而不有, 为而不恃, 功成而弗⑮居⑯。夫唯弗居, 是以不去。

【注释】①斯: 这, 此指于是, 就。②恶: 丑。③相生: 相互产生。④相成: 相互对立。⑤相较: 相互比较, 指比较、对照中显现出来的意思。⑥相倾: 相互倾向。⑦音声: 音是指旋律, 节奏; 声是指散发出去的波, 声音。⑧相和: 相互协调。⑨相随: 相继跟着, 一个跟着一个。⑩圣人: 知行完备、至善之人, 自身的品德与宇宙的法则融为一体, 智慧变通而没有固定的方式。对宇宙万物的起源和终结已经彻底参透。与天下的一切生灵、世间万象融洽无间，自然相处，把天道拓展入自己的性情，内心光明如日月，却如神明般在冥冥之中化育众生。⑪无为：顺应自然，不妄为。⑫教：教导，教育。⑬作：产生，兴起。⑭辞：言辞，这里指宣告、讲说之意。⑮弗：不。⑯居：居功。

【译文】如果天下所有的人都知道所谓美的事物是美的（人人都用心机去追求它），那这本身就已经成了坏事。如果天下所有的人都认为所谓的善事是善事（人人皆刻意而为之），那这种刻意而为善的行为本身就不是真善了。所以有无相互转化，人见有而为无；难易相互对立，人见难而行易；长短相互比较，人见短而为长；高下相互倾向，人见高而为下；音声相互协调，上唱下和；前后相互跟随，上行下随。（道本一体，无二无别，常恒不变。有无一体，难易一体，长短一体，高下一体，音声一体，前后一体。）这是自然永恒的法则。所以圣人处事顺应自然，以道治世，以身帅道。这样万事万物都会按照其自身的本性去发展，却不宣告已经开始，生成万物而不据为私有，有利于一切的作为却不倚仗它，以这样的德行生育万物，功成业就后而不自居其功。只有不自居其功，所以功迹才不被泯没。

第三章

【题解】本章阐述的是君王治国处世之道。所谓"一言偾事，一人定国。"统治者运用自然规律，树立正确的人类社会治国之道，就可以实现国泰民安。上行下效，统治者首先做到清静无为、无私无欲，循守大道，天下才可臻于郅治。

不尚①贤，使民不争；不贵②难得之货，使民不为盗③；不见可欲④，使民心不乱。是以圣人之治，虚其心⑤，实其腹⑥，弱其志⑦，强其骨⑧，常使民无知、无欲⑨，使夫智者不敢⑩为也。为无为，则无不治⑪。

【注释】①尚：尊崇，推崇。②贵：贵重。此指以……为贵。③盗：偷盗财物的人。④可欲：指足以引起欲念的事物。⑤心：心里所想要的念头。这里"虚其心"指处于无思无欲的状态。⑥腹：肚子。⑦志：过分追求的意志。⑧骨：筋骨，体格。⑨无知无欲：没有妄知妄欲，或邪知邪欲。⑩敢：进取。⑪治：治理，此指治理为天下爱太平之意。

【译文】不崇尚贤才，使人民不为得到功名、权势、财富而起争夺之心。不以稀见难得之物为珍贵,使人民没有偷盗之心。不让引发人欲望的东西显露出来,使人们淡然清静,就不会惑乱心志。因此,圣人治理天下,就是要空虚掉百姓心里的欲念,无思无欲,使百姓填饱肚子,削弱百姓过分贪求的意志,强壮百姓的筋骨,坚强体质。使百姓常常恬淡清静,没有妄知妄求妄欲。使那些有智谋的人幡然醒悟,不敢再妄生事端。一切都随顺自然的道德法则,没有个人的欲念和追求,那么天下就没有什么不能治理的了。

第四章

【题解】本章从体和用两个方面来阐述无为大道的内涵，大道浑浑默默，真空妙有，体用一如，有无不二。从"体"而言，它无形无相，不生不灭，无大无小，幽隐难明，"在太极之先而不为高，在六极之下而不为深，先天地生而不为久，长于上古而不为老"。从"用"而言，它妙用无穷，"有情有信，无为无形；可传而不可受，可得而不可见；自本自根，未有天地，自古以固存；神鬼神帝，生天生地。"

道①冲②而用之或③不盈④，渊⑤兮似万物之宗⑥。挫其锐⑦，解其纷⑧，和其光⑨，同其尘⑩。湛兮⑪似或存⑫。吾不知谁之子，象帝⑬之先。

【注释】①道：指天地万物的主宰。②冲：器物虚空，此指若器物之空虚，虚无。③或：副词，又。④盈：盈满。⑤渊：深邃。⑥宗：根本，宗主。⑦挫其锐：挫，消磨，摧折。兑：通"锐"，锐利、锋利。挫其锐：即道无为不争，消磨掉它的锐气使之平和。⑧解其纷：即道之柔弱，消解掉它的纷扰。⑨和其光：调和隐蔽它的光芒，使其幽隐不明。⑩同其尘：即指道卑微处下，混世同俗，协同万物。⑪湛兮：沉没，引申为隐没、沉没之意。这里指"道"幽隐难明，渺无形迹。⑫似或存：似乎存在。形容"道"若存若亡。参见第十四章"无状之状，无物之象，是谓惚恍"等句，理解其意。⑬帝：造物主。

【译文】大道之本体玄妙幽隐、空虚无形，但大道之妙用却无穷无尽、无量无边。它深邃悠远啊！好像是万事万物的宗主。大道消磨它的锋锐无为而不争，消除它的纷扰清净而柔弱，调和它的光辉幽隐而不明，混同于尘垢卑微而处下。它隐没无形却又无所不在，无时不有。我不知道大道是谁缔造而来，好像是在天帝之前就已经存在了！

第五章

【题解】此章接着前一章，进一步阐述至仁至善的大道内涵，即大道至仁无仁，以成大仁；至善无善，以成大善。大道无作无为、无私无欲、清净平等，随顺自然，对待宇宙万事万物一视同仁、不分别、不执着、不参与、不干扰、不私亲、不偏爱，任其按照自然规律自长自消、自生自灭，漠然无言。并指出理想的统治者也应当效法大道的大公无私，遵循自然规律采取无为之治，任凭老百姓自作自息、繁衍生存，而不采取干预的态度和措施。

天地不仁①，以万物为刍狗②；圣人不仁，以百姓为刍狗。天地之间，其犹③橐籥④乎? 虚而不屈⑤，动而愈⑥出。多言数穷⑦，不如守中⑧。

【注释】①仁：仁爱。这里指天地无私亲，无偏爱，故成就其大仁。②刍狗：古代祭祀时用草扎成的狗。比喻顺遂自然，任其生灭之意。③犹：如同。④橐籥：古代冶炼时用以鼓风吹火的装置，犹今之风箱。⑤屈：竭，尽。⑥愈：叠用，跟'越……越……' 相同。⑦数穷：数：通"速"，是加快的意思。穷：困穷，穷尽到头，无路可行。⑧守中：持守中庸之道。

【译文】天地没有私亲偏爱，一视同仁，故成就其至仁，对待万事万物就像对待刍狗一样，任凭万物自生自灭。圣人没有私心偏爱，效法自然，无私无欲，故成就其博爱，也同样像刍狗那样对待百姓，任凭人们自作自息，任运自然。天地之间，岂不像个鼓风的风箱一样吗？它空虚无物，却用不屈竭，总是和气周流，化生万物，生生不息。多事害神，多言伤身，更加困惑不通，不如持守中庸之道。

第六章

【题解】此章也是在继续阐述大道的特征和内涵，老子运用形象而生动的比喻将大道虚静处下生育天地万物的妙用淋漓尽致地展现了出来。他用"谷"比作为神灵奇妙的溪谷，用"玄牝之门"比喻"道"是产生万事万物的根源。大道体用一如，它空虚无物而无处不在，它历久不衰而无穷无尽。它孕育着宇宙万物而生生不息。

谷神①不死，是谓玄牝②。玄牝之门③，是谓天地根。绵绵④若存，用之不勤⑤。

【注释】①谷神：生养之神。即道之别名。谓道犹如溪谷一样空虚无物，神奇灵妙，运化无穷。②玄牝：玄，原义是深黑色，这里指深远、神秘、微妙难测之意。牝：本义是雌性的兽类动物，这里借喻具有无穷无尽造物能力的"道"。玄牝指玄妙的母性。这里指孕育和生养出天地万物的母体。③门：指产门。此以雌性生殖器的产门喻指造化天地生育万物的根源。④绵绵：连绵不绝的样子。⑤勤：指道不断地运作，不会停止。

【译文】大道如同幽静神奇空虚无物的溪谷生生不息，永恒长存。它就是玄妙贞静的母性，这玄妙贞静的母性就是玄妙母体的生育之产门，这就是天地的根本。连绵不绝啊！它就是这样长久的永存，化育万物而无有穷尽。

第七章

【题解】本章也是由自然大道而推论人道，老子认为，人类社会的发展也要遵循自然规律，效法自然大道无私无欲、虚怀处下、与世无争，谦退无我的特性，才能统御天下。

天长地久，天地所以能长且久者，以其不自生①，故能长生。是以圣人后其身而身先②；外其身而身存③。非以其无私④邪，故能成其私⑤。

【注释】①不自生：不为自己而生。②身先：意指高居人上。③身存：保全自身而生存。④无私：没有自我的意识。⑤私：自身之意。

【译文】天长地久，天地之所以能长久地存在，是因为它们不是为了自己的利益而生存着，所以能够长久生存。所以，有道的圣人遇事能谦退无争，反而能在众人之上；将自己置之度外，无私无欲，反而能保全自身生存。这难道不是因为他无私，所以能成就他的自身吗？

第八章

【题解】上一章以自然大道推及人道，此章以水之性喻大道之灵性。引申之义即为，我们做人也应该和水一样，具有水德，使自己的心态和行为处处都合于大道。

上善①若水。水善利万物而不争，处众人之所恶，故几②于道。居善地，心善渊③，与善仁④，言善信⑤，正⑥善治⑦，事善能⑧，动善时⑨。夫唯不争，故无尤⑩。

【注释】①上善：即至善。这里指至仁至善的大道。此以水性之德喻大道也。②几：将近，接近。③渊：沉静、深沉。即水性之空明幽深妙不可测。④仁：仁爱。万物得水以生，即水性之仁恩，润下滋养万物也。⑤信：真实不妄。即水性之清澈明净，洞明鉴察，内影照物，如实现形也。⑥正：清正自然。⑦治：治理。即水性之淘洗万物，使其复归洁净也。⑧能：能动，灵活。即水性之随方就圆，曲直随形，圆融无碍。⑨时：天时，时令。即水性之夏雨冬雪，任时而变。⑩尤：怨尤，责怪。
【译文】至善至仁之大道犹如水性之德，水善于滋润养育万物而不与万物相争，它处在众人都厌恶的卑湿垢浊之地，所以与大道的德性相近。水性柔和善于处在草木丛生的卑湿低地，谦退处下；水性空虚明净，幽静渊深，善于处在谷底的深渊（犹如空谷幽兰神祕莫测，少为人知）；水性善于周流润泽万物，施仁播爱，不求回报；水性清澈明净，洞明鉴察，善于如实映物，不失其真；水性清正平和，善于淘洗洁净万物，使正本清源，各复其道；水性柔和随缘，随方就圆，曲直如意，圆融无碍。善于随顺万物，使物各尽其性；水性应时而动，随时而变，善于曲成万物，升腾为云，凝降为雨，冰雪雨雹，霜露云气，川流湖泊，泉源井池，自在随化。水性柔和，雍之则止，决之则流，随顺万物，与世无争。水性之德如是，所以天下就没有怨咎。

第九章

【题解】此章阐述人道之规律，也是在顺应天道自然之规律，告诫人们为人处世、功成身退的道理。物极必反，应当以身载道，常守中道，守性不移。

持而盈①之，不如其已；揣②而棁③之，不可长保。金玉④满堂⑤，莫之能守；富贵⑥而骄，自遗⑦其咎⑧。功成身退⑨，天之道⑩也。

【注释】①盈：盈满，满溢。②揣：捶击。此指使器物变得尖锐锋利之意。③棁：通"锐"，锐利，尖锐。④金玉：珍宝的通称。⑤满堂：充满厅堂。⑥富贵：富裕而又有显贵的地位。⑦遗：留下。⑧咎：过失，罪过。⑨功成身退：这里指功成名就之后，不再身居高位，而是退隐山林，不问世事。⑩天之道：自然规律。

【译文】手里已经握持得盈满了，而仍然贪欲不止，不知罢手（终究会祸患临身）。手执持的利器已经锋利无比了，还想捶击敲打它，然而却浑然不知锋芒毕露，刚锐易折，不可能长久地保持下去。大肆聚敛金银珍宝财物即使堆满厅堂,（然人命有尽,身命尚且难保,一旦撒手人寰）,身外之物,必会移人换主,随他人而去,又有谁能守得住呢? 富裕显贵而骄奢淫逸,必会给自己遗下灾殃祸害。功成名就之后,隐身退去,这才是遵循自然长保之道。

第十章

【题解】这一章着重阐述修身养性之道。即以后天复返先天，归根复性、返本还原的功夫。人明修身之道，则道不离身，身不离道，以身载道，道统万有。修身于斯，治国于斯，体道于斯，一身兼万道，万道尽于一身。于是乎，身修则国治，神安则天下安，通于一则万事毕。

载营魄^①抱一^②，能无离乎？专气^③致柔^④，能婴儿乎？涤除玄览^⑤，能无疵^⑥乎？爱民治国，能无知^⑦乎？天门^⑧开阖^⑨，能无雌^⑩乎？明白四达^⑪，能无为^⑫乎。生之、畜^⑬之。生而不有，为而不恃，长而不宰，是谓玄德^⑭。

【注释】①营魄：即魂魄。指人的精神和身体。②抱一：即合一。一，指道，抱一意为魂魄合而为一，二者合一即合于道。合于道，即道不离身。③专气：专，结聚之意。专气即集气。这里指身心合道，凝神专一，聚守精气。④致柔：即最柔弱，最绵软。这里指处于甚深定境之中，精气集聚，和气周流，经通络畅，骨软筋酥，全体通泰，柔若无骨，如似烂泥。

⑤涤除玄览：涤除：涤，扫除、清除。玄览：心居玄冥之处而览知万物。这句话是指修身之道，当灭三毒，扫三心，去四相，除五蕴，格六贼，使人欲净尽，天理流行，返本还原，常清常静。可参考元代道士李道纯诗《画前密意·工夫第十一》来理解，其诗云："清心释累，绝虑忘情，少私寡欲，见素抱朴，易道之工夫也。心清累释，足以尽理。虑绝情忘，足以尽性。私欲俱泯，足以造道。素朴纯一，足以知天。"亦可参看《太上老君说常清净经》："内观其心，心无其心；外观其形，形无其形；远观其物，物无其物。三者既悟，唯见于空；观空亦空，空无所空；所空既无，无无亦无；无无既无，湛然常寂；寂无所寂，欲岂能生？欲既不生，即是真静。真常应物，真常得性；常应常静，常清静矣。"⑥无疵：缺点，瑕疵。意指无丝毫的私心杂念，心境圆明如镜。⑦无知：即无为，意指垂拱而治，坐享太平。可参考《论语·卫灵公》："子曰：'无为而治者其舜也与！夫何为哉？恭己正南面而已矣。'"⑧天门：有多种解释。一说指人头部一带，或指耳目口鼻等人的感官。或指天门穴又名攒竹，也作天庭，意为天官之门、天庭、天官、本官。位于两眉中印堂至前发际成一直线。或指天门在头顶百会穴至上星穴之间的一块地方，道家称之为天门穴，佛家称梵穴，俗话称天灵盖。一说是指兴衰治乱之根源；一说是指自然之理；一说是指人的心神出入即意念和感官的配合等。此处依"天庭说"。天庭，即意为天官之门、天官。道家谓："头有九宫，黄庭在中"，二目中心即为正中黄庭，即为先天祖窍，自先天祖窍往里直到后脑脑户穴一共分布有九个宫廷。⑨开阖：即动静、变化和运动。意为打开、冲开。这里指冲开天门，阳神出窍。⑩无雌：雌，即柔弱沉静之意。无雌意指细细地观照，微微地静守。⑪明白四达：意指心如明镜，性若止水，明朗朗天，活泼泼地，无所不知，无所不晓。⑫无为：即没有一点人为的意念。意指常寂而常照，绝无寂照心，常明而常觉，绝无明觉想。⑬畜：蓄养，繁殖。⑭玄德：玄秘而深邃、奥妙而玄远的德性。

【译文】精神和形体合一，呼吸绵绵似存非存，似有非有，合身于道，能不分离吗？身心合道，凝神专一，集聚精气，和气周流，全体通泰，能像婴儿那样身体绵软，柔若无骨吗？灭三毒，扫三心，去四相，除五蕴，格六贼，使人欲净尽，天理流行，心灵深邃灵妙、明澈如镜、如如不动、了了明知、圆明常照，没有一丝一毫的染着，能做到吗？心安则万民安，心净则国土净，得一万事毕，侯王以为天下正，南面称孤，垂拱而治，坐享太平，能做到吗？心如明镜，性若止水，明朗朗天，活泼泼地，前知后晓，烛照靡遗，明明白白，如日月四达，满于天下八极之外。然常寂而常照，绝无寂照心，常明而常觉，绝无明觉想，常应常照，无一物能藏匿，能做到吗？滋生万物而不据为己有，抚育万物而不恃功图报，育成万物而不去主宰它们，这就是奥妙玄远的德。

第十一章

【题解】凡俗之人，往往见物之有而不知其无，见物之实而不知其虚，老子通过车子、器皿、房屋的例子，教导人们要学会在有形有相的万千事物之中去体悟大道的空虚妙用。

三十辐①，共一毂②，当其无，有车之用③。埏埴④以为器，当其无，有器之用。凿户牖⑤以为室，当其无，有室之用。故有之以为利，无之以为用⑥。

【注释】①辐：车轮中连接轴心和轮圈的木条，古时代的车轮由三十根辐条所构成。此数取法于每月三十日的历次。②毂：即车轮中心的木制圆圈，中有圆孔，为插轴的地方。③当其无，有车之用：有了车毂中空的地方，才有车的作用。"无"即指毂中间空的地方。④埏埴：埏，和；埴，土。即和土做成供人饮食使用的器皿。⑤户牖：门窗。⑥有之以为利，无之以为用："有"给人便利，"无"也发挥了作用。

【译文】三十根辐条汇集到一根毂中的孔洞当中，有了毂中的孔洞才能贯穿辐条，能贯穿辐条车轮才能转动，于是车才有了正常功用。揉和陶土做成器皿，把器皿中间做成空的，才有了器皿的作用。开凿门窗建造房屋，屋内空洞才可以住人，屋子有门，人才可以进进出出，屋子有窗，居住在屋内的人才可以感觉到通透光明，不使阴沉。有了门窗四壁内的空虚部分，才有房屋的作用。所以，"有"给人便利，"无"盛受万物，才发挥了它的作用。

第十二章

【题解】圣人老子慈悲化世，告诫世人不可恣情纵欲、贪图享乐，迷于外物，令六根昏沉，心性昏暗，渐离于道。古代君王贪图声色美味，追求驰骋畋猎与难得之货，就是政治衰颓、民心离散的根源。君王治国应当以身帅道，清心寡欲、虚静无为，上行下效，方可万民淳化，臻于太平。

五色①令人目盲②，五音③令人耳聋④，五味⑤令人口爽⑥；驰骋⑦田猎⑧，令人心发狂⑨；难得之货，令人行妨⑩。是以圣人为腹不为目⑪。故去彼取此⑫。

【注释】①五色：五种颜色，即青、白、赤、黑、黄，古人以这五种颜色为正色。②目盲：比喻眼花缭乱。意指贪淫好色，使人伤精失明。③五音：亦称"五声"。指中国五声音阶中的宫、商、角、徵、羽五个音级。④耳聋：比喻听觉失灵。意指不能听无声之声。⑤五味：指酸、甜、苦、辣、咸五种味道。⑥口爽：意思是味觉失灵，生了口病。意指言失于道。⑦驰骋：驰射，田猎。比喻纵情放荡。⑧田猎：打猎。⑨心发狂：心旌摇荡而不可制止，损精耗气,而精神散亡。⑩行妨:妨:损害,有害于。意指伤害操行,行伤身辱。⑪为腹不为目:意指吃饱穿暖,知足寡欲,只求温饱安宁,守性养神,而不为纵情声色,损耗精气,迷失外物。"腹"在这里代表一种简朴宁静、恬淡安适的生活方式;"目"代表一种恣情纵欲、骄奢淫逸的生活方式。⑫去彼取此:摒弃物欲的诱惑,而保持安定知足的生活。"彼"指"为目"的生活;"此"指"为腹"的生活。

【译文】五彩缤纷的颜色,会使人眼花缭乱,对事物的真相失去正常的辨别能力;繁杂的音乐,会使人的听力麻木,再也感受不到天地间宁静、和谐的韵律。经常贪食浓烈的口味,也会使人的味觉错乱,品尝不出大自然真正的美味;驱马奔驰,围捕田猎,会使人心智狂乱而纵情放荡;贪求稀有难得的财物,会诱使人的行为偏离正道,举动失常。因此,圣人但求吃饱穿暖,恬淡闲适,知足常乐而不追逐声色之娱,恣情纵欲,所以摒弃物欲的诱惑而保持安定知足的生活方式。

第十三章

【题解】这一章是接着上一章"是以圣人为腹不为目"而言。"为腹不为目"的"圣人",能够"不以宠辱荣患损易其身",才可以担负天下重任。老子强调"贵身"之理,是因为身为载道之器,身命陨,则道难寄。得宠则惊喜,受辱则惊惧。得宠和受辱都会惊其心神,畏惧灾祸临身。所以,君王治国,首要在于"贵身",节情欲、寡贪爱、不胡作妄为。只有珍重自身生命的人,才能珍重天下人的生命,也就可使人们放心地把天下的重责委任于他,让他担当治理天下的任务。

宠辱若惊①,贵大患若身②。何谓宠辱若惊?宠,为下③,得之若惊,失之若惊,是谓宠辱若惊。何谓贵大患若身?吾所以有大患者,为吾有身,及吾无身,吾有何患④?故贵⑤以身为天下,若可寄⑥天下;爱⑦以身为天下,若可托⑧天下。

【注释】①宠辱若惊:宠:得宠,使之尊荣,荣宠。辱,受辱,使之受到耻辱、侮辱。意为得宠和受辱都会惊其心神,惊恐不安。②贵大患若身:

贵，珍贵、重视。重视大患就像珍贵自己的身体一样。③宠为下：一作"宠为上，辱为下。"译文从之。④及吾无身，吾有何患：意为如果我没有身体，有什么大患可言呢？⑤贵：珍贵，珍视。⑥寄：寄托。⑦爱：疼惜。⑧托：托付。

【译文】得到宠爱和受到侮辱都会受到惊恐，要把荣辱这样的大患看得与自身生命一样珍贵。什么叫做得宠和受辱都感到惊慌失措呢？得宠就觉得尊贵，受辱就觉得卑下，得到宠爱就感到格外惊喜，失去宠爱，受到侮辱就会令人惊慌不安。这就叫做得宠和受辱都会惊其心神，令人感到惊恐不安。什么叫做重视大患像重视自身生命一样呢？我之所以有大患，是因为我有身体；如果我没有身体，我还会有什么祸患呢？没有什么可以比身体更可宝贵，所以如果能像珍贵自身一样去爱护天下人，才可寄以天下重任；如果能像珍爱自身一样去珍爱天下人，才可以将天下托付与他。

第十四章

【题解】此章阐述大道之纲纪，解说大道之本体。大道浑浑默默，真空妙有，无形无相，无声无臭，不生不灭，不垢不净，无大无小，无内无外，"先天地生而不为久，长于上古而不为老"。它浑浑沦沦，浩浩荡荡，希夷微妙，幽隐难明，无可状而状，无可象而象，极其浑穆。可传而不可受，可得而不可见。自人视之，若无睹无闻，而自家了照，却又至虚至实，至无至有。掌握了先天大道的本源本体，认知了天地人生的根本真谛，就可以运用大道，除情去欲，抱朴归真，驾驭众物，以正道本。

视之不见名曰夷①；听之不闻名曰希②；搏之不得名曰微③。此三者不可致诘④，故混而为一⑤。其上不皦⑥，其下不昧⑦。绳绳⑧不可名，复归于无物⑨。是谓无状之状，无物之象，是谓惚恍⑩。迎之不见其首，随之不见其后，执古之道，以御今之有⑪，能知古始⑫，是谓道纪⑬。

【注释】①夷：无色。②希：无声。③微：无形。以上夷、希、微三个名词皆指道之本体无形无相，无声无臭，希夷微妙，幽隐难明之意。④致诘：诘，意为追问、究问、反问。致诘意为思议。⑤一：即道。⑥皦：指清白、清晰、光明之意。⑦昧：阴暗。⑧绳绳：绵绵密密，继继绳绳，无可名状，亦无所作为。⑨无物：即道之无形无相，空虚无物。⑩惚恍：即道之若即若离，非空非色，至虚至实，至无至有。⑪有：指具体事物。⑫古始：指宇宙人生、天地万物的根本大道之原始。⑬道纪："道"的纲纪，即大道的根本规律。

【译文】看它看不见，不能用肉眼观看，把它叫做"夷"；听它听不到，不能用耳朵去听，把它叫做"希"；摸它摸不到，不可用手接触，把它叫做"微"。这三者是不能穷究追问的，它们原本就浑然为一，就是大道的本体，无形无相、无声无臭。道体非阴非阳，若明若暗，在上不明，在下不暗，混混沌沌，难明难状，绵绵密密，继继绳绳，无可名状却又不可称名，一切运动都又回复到无形无象的状态。这就是没有形状的形状，不见物体的形象，这就是至虚至实，至无至有的"惚恍"状态。也不知道它是从什么时候开始运化变动的，所以看不见它的头部，也不知道它是从什么时候开始停止运作的，跟随着它，也难以见到它的尾部。掌握了大道的本源，就可以用它来驾驭万千具体而微的事物。明白了大道最初的状态，天地万物生成的规律，这就是认知到了大道的纲纪。

第十五章

　　【题解】老子在上一章阐述了大道之本体，然而大道玄妙幽隐，深不可测。道不自见，此章重在阐述体道之人，体道之人，与道为一，道不可见，因人而见，道不可知，因人而知。人们只能通过大道有形有相的事物来体悟大道运行的规律。孔子在《孔子家语·五仪》中讲："所谓圣者，德合于天地，变通无方，穷万事之终始，协庶品之自然，敷其大道而遂成情性；明并日月，化行若神，下民不知其德，睹者不识其邻。此谓圣人也。"重点在阐述体道之人。

　　得道之士，在在处处，时时念念，无不是道。举手投足，言谈笑貌，无不是道的外现。他们具有谨慎、警惕、严肃、洒脱、融和、纯朴、旷达、浑厚等人格修养功夫，他们微而不显、含而不露，高深莫测。

　　古之善为士者①，微妙玄通，深不可识。夫唯不可识，故强为之容②。豫兮③若冬涉川④；犹兮⑤若畏四邻⑥；俨兮⑦其若容⑧；涣兮若冰之将释⑨；敦兮其若朴⑩；旷兮其若谷⑪；浑兮其若浊⑫。孰能浊⑬以静之徐清? 孰能安⑭以久动之徐生?

保此道者不欲盈^⑮。夫唯不盈，故能蔽不新成^⑯。

【注释】①善为士者：指得"道"之人。②容：形容、描述。③豫兮：豫，原是野兽的名称，性好疑虑。引申为迟疑慎重的意思。意为做事小心谨慎，战战兢兢、如临深渊。④涉川：意为严冬渡河，水寒刺骨，深怕跌入河中。⑤犹兮：犹，原是野兽的名称，性警觉，此处用来形容警觉、戒备的样子。⑥若畏四邻：形容不敢妄动，生怕为四邻所知。⑦俨兮：形容端谨、庄严、恭敬的样子。⑧容：一本作"客"。⑨涣兮若冰之将释：涣兮，解散，消散。意指脱然无所累，夷然无可系，杳无形迹可寻。⑩敦兮其若朴：敦兮，厚道。意指浑然敦厚，仁慈博爱，内守精神，外无文采。雕琢不事，而浑然无间。⑪旷兮其若谷：形容心胸开阔、旷达，空空荡荡，无不含容。⑫浑兮其若浊：浑，浑然质朴，自守本真。浑，一作"混"。浊，和光同尘，混世同俗。意指涵容并包，混混沌沌，如道之朴拙质真。⑬浊：动态。⑭安：静态。⑮不欲盈：不求自满。盈，满。意指不骄奢贪求，无私无欲。⑯蔽不新成：意指匿藏光辉，隐匿行迹，不显不露，不去成就创新。凡新成之者，其蔽必速。

【译文】古时候得道之人，志节玄妙，神明通达，道德深远，不可识知。因为得道之人难以识知，莫知所长，所以姑且勉强用下面这些为人处世之征象来形容他。他小心谨慎啊，好像是严冬渡河，水寒刺骨，战战兢兢、如临深渊，恐怕跌入河中。冬天踩着水过河；他警觉戒备啊，举止进退很拘谨，好像犯法似的，深怕四邻得知；他恭敬端庄啊，好像有尊崇显贵的客人从遥远的地方来临一样；他行动洒脱啊，脱然无所累，夷然无可系，好像春冰缓缓消融，冰凌流散离析；他纯朴厚道啊，内守精神，外无文采。好像雕琢不饰，而浑然无间的朴木；他旷远豁达啊，空空荡荡，无不含容，好像深幽的山谷；他浑厚朴拙，和光同尘，犹如浑浊的河水，不知其浅深。谁能使浑浊之水安静下来，慢慢澄清？谁能使安静之物变动起来，慢慢显出生机？体悟并能践行此道之人，绝对不会骄奢贪求，私欲横行，正因为他虚心弱智、无私无欲，所以能常守朴拙蔽陋，没有新成，没有新成，就永远不会破败。

第十六章

【题解】这一章老子重点强调了虚极静笃的功夫。一个人只有虚极静笃，才能由阶而上，重返先天。有道者言，只有明心见性者和明心悟性者才能完全明白此章所阐述的大道之理。虚极静笃即佛家所谓的禅定。禅定可以本命复归于道，"一如宙心，任万千世界成住坏空、时空流转，我只常应常照，如如不动；任亿万众生循环往复、生死轮回，我只清静无为，了了明知。"

圣人老子慈悲化世，但愿人类都能够明悟到宇宙人生的真如实相。明悟了道，就知道了什么是真实的，什么是虚妄的，什么是永恒的，什么是短暂的。就能归根复命，返本还原，抱朴归真。

致虚极，守静笃①，万物并作②，吾以观复③。夫物芸芸④，各复归其根，归根⑤曰静，是谓复命⑥。复命曰常⑦。知常曰明⑧；不知常，妄作凶。知常容⑨，容乃公⑩，公乃王⑪，王乃天⑫，天乃道，道乃久，没身不殆⑬。

【注释】①致虚极，守静笃：虚和静都是形容人的心境空明宁静的状态，然而由于攀缘外境，妄起尘劳，受五欲六尘、三毒五盖的蒙蔽和习染，因此心灵障蔽，真心不见，本性不显，大道迷失，所以必须"虚极静笃"，才能复归大道。极、笃，意为极度、顶点。这句话意指放空身心、人我两忘，以致达到万象咸空、一真在抱的境界。②并作：并：一起。作：生长、发展、衰老、死亡。③复：循环往复。意指观照万事万物的生死流转、轮回不息。④芸芸：茂盛、纷杂、繁多。此指无穷无尽的万事万物，繁衍茂盛之状。⑤归根：根指道，归根即复归于道。意指渺茫无象、漠漠无状之大道。⑥复命：复归本性，重新孕育新的生命。一说指恢复人的本性，回到自己的内在主体，即"天人合一"。邵雍云："冬至子之半，天根理极微。一阳初动处，万物始生时。"此即万物返本、天地来复之机。⑦常：指万物运动变化的永恒规律，即常道。⑧明：即明悟、了悟之意。⑨容：宽容、包容。即常道空虚无象，无不含容，无不运载。⑩公：即至公无私、一视同仁之意。⑪王：一说为"全"之误。⑫天：即天道自然之意。⑬殆：危险。

【译文】神定气和，绝思忘虑，放空身心、人我两忘，当达到万象咸空、一真在抱的境界之时，就能够体悟和明察到宇宙人生、天地万物的运行规律。万事万物都遵循着这个规律，从生到死，从死到生，生生死死，死死生生，生死不已，循环往复以至于无穷。大千世界，芸芸众生，无不归结到大道这一根源，复归于大道就能湛然常寂，湛然常寂就能万物反本，天地来复。一阳初发，万物复生就是生命万物之常道，能知常道，就能明悟大道。不明悟生命万物的常道就会轻举妄动，以致招灾惹咎。了悟了生命的常道就会无不含容，无不含容就会至公无私，至公无私就能仁民爱物，为万民之王，能为万民之王，体天地而立极，合万物以同源即是天道，德与天通，与道合同。与道合同，即使身体陨灭了，元神不死，与道合一。

第十七章

【题解】大道演化，周而复始，穷久不息。老子在这一章就向人们阐述了治国者，随着大道的演化，从有道之君到无道昏君，渐次失离大道，悖道逆德，渐行渐远的进程。大道废，有仁义。君主失离了至真至仁的大道，才会次第流转，历史的车轮愈行愈远。所谓"失道而后德，失德而后仁，失仁而后义，失义而后礼。"

上古之君以道治民，熙熙皞皞，无心而自化；其次，世风愈降，大道愈乖，皇降为帝，帝降为王，有意以施仁；其次，大道愈偷，王降为霸，礼教盛行，政刑严峻，其次，祸国殃民，造孽作乱。

圣人老子慈悲心切，道心化世，他呼吁和希冀人类重归大道，无为治世。只有以道修身，以身帅道，"处无为之事，行不言之教"方可化解人类一切的危机和矛盾，而臻于郅治。

太上①，下②知有之；其次，亲而誉③之；其次，畏④之；其次，侮⑤之。信不足焉，有不信焉。悠兮⑥其贵言⑦，功成事遂，百姓皆谓我自然⑧。

【注释】①太上：最上，最高。即上古有道之君。②下：臣下，百姓，群众。即上古淳风治下的百姓。一说"下"为"不"之误，意为百姓不知有君上。③誉：称赞，赞美。④畏：害怕，畏惧。⑤侮：侮辱，使受辱。⑥悠兮：悠闲自在的样子。意指天下太平，君王安闲自适。可参看《论语·卫灵公》："子曰：'无为而治者，其舜也与？夫何为哉？恭己正南面而已。'"⑦贵言：指不轻易发号施令。即意指上古有道之君，"处无为之事，行不言之教。"⑧我自然：认为自己本来就如此。与老子所提"上德不德，是以有德"相应。可参看《帝王世纪》："天下太和，百姓无事，有五老人击壤于道，观者叹曰：大哉尧之德也！老人曰：'日出而作，日入而息。凿井而饮，耕田而食。帝力于我何有哉？'"

【译文】上古之时，有道之君，顺乎自然，无心自化，百姓仅仅知道有上古帝君的存在而已；次一等的，世风愈降，大道愈乖，皇降为帝，帝降为王，有意以施仁。保民如保赤子，爱民如爱家人，百姓黎民感恩戴德，亲近称誉他；更次一等的，大道愈偷，王降为霸，礼教盛行，政刑严峻，法令苛刻，百姓心生畏惧，不敢犯法违令。最下等的，祸国殃民，造孽作乱。百姓受辱受难，忍辱偷生。所以，在上位者诚信不足，在下位者就会同样以不信来欺骗君王，上下相欺相诈，而祸乱无尽。上古之世，熙熙皞皞，处无为之事，行不言之教，群臣各尽其职，百姓相安无事，功业成就，天下安泰，百姓都认为我本来就是这样。

第十八章

【题解】这一章是对前一章的进一步论述和补充。圣人老子指出,人类一旦迷失了宇宙人生的根本,丢弃了至仁至真的无为大道,就会进入到有为的状态。凡是一切有为的形式和方法都是辩证的对立与统一,利弊兼具,善恶同在,都无法从根本上解决人类面临的困惑和危机。只有返归大道,才能使人类臻于大同,天下一家。

大道废①,有仁义;智慧出,有大伪②;六亲③不和,有孝慈;国家昏乱④,有忠臣。

【注释】①废:丢失,废弃。②伪:虚伪,欺诈。③六亲:古指父、母、兄、弟、妻、子;泛指宗亲、家属。④昏乱:指国家昏庸无道,社会动乱。

【译文】当皇风日降,大道愈衰,君王兢兢业业,不敢荒怠,有意以施仁政,保民如保赤子,爱民如爱家人;当世俗愈乖,人心弥坏,推智崇巧,上下君臣,尔虞我诈,篡权乱国,所以诈为横生,祸乱不息;父慈子孝,本是天经地义,人伦大道。当人心各异,父子生嫌，兄弟不睦，夫妇乖离时，就要提倡孝慈，表彰仁爱，赖以风化世俗，以正天下；当骨肉相摧，君臣交质，祸乱丛生之际，就要凸显忠臣义士，赖以力挽狂澜、匡扶社稷、济世安民。

第十九章

【题解】上一章阐述人们迷失大道之后，才会祸乱丛生，动乱不已，不得不以相对的治理之道，如仁义、孝慈、忠臣等来济世安民。这一章重在阐述只有复归大道，才能从根本上解决人类社会出现的困惑和矛盾，才能反乱为治，重新回到以道治国，无为而治的大同社会。而复归大道的方法就是"见素抱朴，少私寡欲"。

绝①圣弃②智，民利③百倍；绝仁弃义，民复孝慈；绝巧④弃利，盗贼无有。此三者⑤，以为文⑥不足。故令有所属⑦。见素抱朴⑧，少私寡欲。

【注释】①绝：断，断绝。②弃：扔掉，抛弃。③利：利益。意指百姓受益。④巧：虚浮不实，伪诈。⑤此三者：意指绝弃圣智、绝弃仁义、绝弃巧利。⑥文：条文、法则。意指表面上，浅层的外在形式上。⑦属：归属、适从。这里为下句所指。⑧见素抱朴：素：没有染色的生丝。这里比喻质朴纯洁、高尚的人。见素即指抱素守真，不尚文饰。朴：没有雕琢的原木。抱朴，即指抱守质朴，以化下民。句意为令百姓浑噩淳厚，率性至真，复归大道之初熙熙皞皞、无私无欲的古朴风俗。

【译文】抛弃聪明睿智，君王大智若愚，顺乎自然之道，行乎无为之政，百姓淳朴敦厚，社会受益不仅仅是百倍而已；抛弃仁恩义举，不彰显仁义道德，君王大仁若忍，以仁爱之心、慈良之性，任天而动，率性以行，百姓受到感化，做儿子的自会孝敬父母，做父母的自会慈爱儿女；抛弃巧诈和货利，君王大巧若拙，因势利导，顺势而为，正义不谋利，明道不计功，（老百姓犹如风下之草，水之流下，火之炎上，必会所向披靡）百姓受德化淳厚，自然会没有盗贼出来妄作非为。之所以抛弃"圣智、仁义、巧利"这三者，因为它们只能从表面上对治世起到一定的效用，而不能从根本实质上彻底根除社会弊病，易风化俗。因此，一定要从根本上来解决，君王要以身帅道，黜华崇实，抱朴守真，少欲知足，大公无私，这样百姓受到风化，就会浑噩淳厚，率性至真，复归大道之初熙熙皞皞、无私无欲的古朴民风。

第二十章

【题解】上一章老子用"见素抱朴，少私寡欲"指出了人们复归大道、和合大同的方法。在此章之中，他着重阐述了道心与人心，内求与外求，合道与离道，觉与迷，圣与凡的差别。

人心惟危，道心惟微，圣凡一念之间，惟狂克念作圣，惟圣妄念成狂，差之毫厘，谬以千里。佛家谓"狂心若歇，歇即菩提。"儒家谓"操则存，舍则亡；出入无时，莫知其乡"亦是同理。因此凡人存心养性，莫见乎隐，莫显乎微，夕惕若厉，战战兢兢，如临深渊，如履薄冰，朝斯夕斯，念兹在兹，身不离道，道不离身。

圣人老子慈悲心切，苦口婆心，他殷切地希望人们能放弃对世俗人欲、物欲的追逐和贪求，回归到内在真我的宁静、自在与超脱，返本还原，抱朴归真，合于大道。

绝学无忧①。唯之与阿②，相去几何？善之与恶③，相去若何？人之所畏④，不可不畏。荒兮⑤其未央哉！众人熙熙⑥，如享太牢⑦，如春登台⑧。我⑨独泊⑩兮其未兆⑪，如婴儿之未孩⑫；儽儽⑬兮，若无所归。众人皆有余⑭，而我独若遗⑮。

我愚人⑯之心也哉！沌沌兮⑰，俗人昭昭⑱，我独昏昏⑲。俗人察察⑳，我独闷闷㉑。澹兮㉒其若海，飂兮㉓若无止。众人皆有以㉔，而我独顽似鄙㉕。我独异于人，而贵食母㉖。

【注释】①绝学无忧：一说此句放在上一章，与前句"见素抱朴，少私寡欲"并列。此句意，或为绝弃仁义圣智之学没有忧虑。或为废弃学技益能之事，绝止思虑之心。或为圣人造诣，大道原旨，纯是一腔生意，融融泄泄，无虑无思。本书依后者释义。绝学，即圣人无上大道。无忧，意为大道活泼泼，不勉而中，不思而得，从容中道，从心所欲，无忧无虑，清净自在。②唯之与阿：唯，恭敬地答应，顺意地应诺；阿，当作"呵"意指违逆地呵责，叱责。③善之与恶：善，一本作美，恶作丑解。即美丑、善恶。④畏：惧怕、畏惧。⑤荒兮：广漠、遥远的样子。意指浑浑茫茫的鸿蒙混沌之时。⑥熙熙：熙，和乐，用以形容纵情奔欲、兴高采烈的情状。⑦享太牢：太牢，指古代祭祀，牛羊豕三牲具备谓之太牢。此句意指饥渴的心念不能满足，欲想参加丰盛的宴席。⑧如春登台：好似在春天里登台眺望。意指人的情志放逸，意念驰荡。⑨我：可以将此"我"理解为老子自称，也可理解为体道之圣人。⑩泊：淡泊、恬静。⑪未兆：没有征兆、没有预感和迹象，意指没有任何情感欲望的表露，不动心，不动性，自在安然。⑫孩：同"咳"，即婴儿的笑声。意指初生的婴儿，一团元气浑然在抱，无欲无求，蒙昧无知，不能咳笑。⑬儽儽：形容憔悴颓丧的样子。⑭有余：有丰盛的财货。意指众人有多余的财货，正是滋生的奢侈之心。⑮遗：指遗弃、不足之意。⑯愚人：形容有道之人，与世俗之人不同，纯朴直率，守道不移，无巧无智，好似愚昧的傻子一样。⑰沌沌兮：形容浑然淳厚，好像愚昧无知、混沌不明的样子。⑱昭昭：智巧光耀的样子。意为明白通达，无事不详。⑲昏昏：愚钝暗昧的样子。意为昏沉暗昧无所用心。⑳察察：形容详视明察、清晰明了，好似无所不知的样子。㉑闷闷：形容纯朴诚实、愚昧浑噩好似蒙昧无知的样子。㉒澹兮：形容辽远广阔、浩荡渺茫的样子。㉓飂兮：急风。㉔有以：有用、有为，有本领。指以某为自己的意识，以某为自己的地位，以某为自己的名声威望，以某为自己的利益，以这些来彰显自己的典雅高贵。可参看"名与身孰亲？身与货孰多？得与亡孰病？甚爱必大费"来理解。㉕顽似鄙：形容愚陋、笨拙。㉖贵食母：母用以比喻"道"，道是生育天地万物之母。此句意为以守道为贵。老子把"道"喻为"母"，即如小儿在母亲的怀中吮吸母乳，无欲无求，安详恬静，是人淳真本性的彰显和自然流露，寄托了令世人摆脱私欲，重返初始纯朴之自然真性的希冀。

【译文】圣人无上大道，活泼泼，自自然，从心所欲，无忧无虑，清净自在。恭敬地应诺与怠慢地呵斥，相去究竟有多远呢？美丑、善恶又相差多少呢？（诚敬与放肆、美与丑、善与恶、圣与凡都在一念之间，人心惟危，道心惟微，惟狂克念作圣，惟圣妄念成狂，差之毫厘，谬以千里。）

人们都有所畏惧，夕惕若厉，战战兢兢，如临深渊，如履薄冰，我怎么能不畏惧呢？善与恶，诚与伪之间的微妙差异，亘古以来，便是这样，把握住就会道不离身，放逸了，就会失身于道，人欲与道心的博弈，善与恶的较量，自始至终便是如此，永远都没有尽头。世俗之人都纵情多欲，心欲难以满足，如同去参加丰盛的宴席，饥渴的心思按耐不住，如同是春天里登台眺望美景，心意骀荡，情志放逸。

而只有体道的圣人能够淡泊无欲，漠然不求，不动心，不动性，没有丝毫情感欲望的流露。他们如同是刚刚入胎的婴儿，一团元气浑然在抱，无欲无求，蒙昧无知，还不会发出嘻笑之声。憔悴颓丧啊，好像浪子还没有归宿。世人都拥有丰盛的财货，而我却遗世而独立，好像什么也不足一样。

体道圣人澄清心虑，退藏于密，反有为而入无为，大智若愚，守道不移，看似像一个昏沉迷惑、蒙昧无知的愚人。混混沌沌啊，世俗之人看似通达明了，无事不详，体道圣人却看似愚钝暗昧一无所知；世俗之人看似明白了达，无所不知，体道圣人却看似浑噩淳厚一无所明。恍惚浩渺啊，像浩浩荡荡的大海，昼夜不息，万象含容，无人知其穷极；驰荡飘飘啊，像行云流水一样居无定所。

世俗之人都精明灵巧有所作为，唯独体道圣人而不通世事。唯独圣人与人不同，他贵在抱道守一，以身体道。

第二十一章

【题解】本书第一章起，老子就提出了"道"是宇宙人生、天地万物的本原。这一章是详细地阐述道的境界，或谓修道之人的境界。

有道之人虚极静笃，他便会察觉到万物万象都是恍恍惚惚，似有非有，似无非无，即有即无，非有非无，一切相都在恍惚之中。心物一元，体用一如，通过有形有相的万物来认知和体悟大道的规律，以大道运化不息的规律来承载和化生万物。

孔①德②之容③，惟道是从。道之为物，惟恍惟惚④。惚兮恍兮，其中有象⑤；恍兮惚兮，其中有物⑥。窈兮冥兮⑦，其中有精⑧。其精甚真，其中有信⑨。自古及今，其名⑩不去，以阅众甫⑪，吾何以知众甫之状哉！以此⑫。

【注释】①孔：甚，大。②德："道"的显现和作用为"德"。③容：运作、形态。④恍惚：即指似有非有，似无非无，即有即无，非有非无之状。⑤象：指在虚极静笃之中，惚兮似无，恍兮似有，出现的离开身体的性光，又叫本性灵光，它是人的真性，是人的本来面目，宇宙的本质。性光不在阴阳的范畴，它是阴阳之祖，是阴阳的根源，常态下，它深藏在人体内，要靠修炼才能显现。⑥物：指在虚极静笃之中，神光下照，恍兮若有觉，惚兮若无知，此时真阳发动。⑦窈兮冥兮：窈，深远，微不可见。冥，暗昧，深不可测。⑧精：即真一之精，万物初发之时本能的一种生机，是初始发生天地万物的一点真精。⑨信：信实、信验，真实可信。⑩名：指具体事物内在运行的规律，即支配运载事物的"道"。⑪众甫：甫与父通，引伸为始。即天地万物的初始。⑫以此：此指道。

【译文】天地万物运作发展的形态、规律和功用，都是依从于大道，由大道而决定的。道之生育天地万物，都是在恍恍惚惚，似有非有，似无非无，即有即无，非有非无之中产生的。

如同一个修道之人，在虚极静笃之中，他的性光惚兮似无，恍兮似有，便离开身体。当他用性光下照之时，恍兮若有觉，惚兮若无知，就是真阳初动之机。当杳杳冥冥，不知其极之时，那个生天生地生育万物的真一之精便发动了。这个真精是有征验的，真精生发之时，骨软筋酥，遍体阳和，溶溶似冰泮，浩浩如潮生。

从鸿蒙初分，久远以来，一直到现在，甚至无穷无尽的未来际，各个有形有相的具体事物，都是受道的主宰和支配的。修道之人，再去普遍地观察天地万物初生之时的状态，真一之精发动了，然后才有生发的气象。无一不是这一点元精成形成相生天生地，化育万物。有道之士是怎么知道天地万物初始的情状呢？他就是通过虚极静笃，真精生发，骨软筋酥，遍体阳和，溶溶似冰泮，浩浩如潮生的这种景象得知的。

第二十二章

【题解】本章是老子对其第二章所阐述的朴素自然辩证法的进一步深化和解说。一切的事物都是辩证的对立统一，大道是心物一元，体用不二，色空一如。因此，人们要认知到什么事物都是相反相成相互转化的，只有认知了大道的本体，掌握了大道的妙用，才能常守中道，抱朴守一，没身不殆。

曲①则全②，枉则直③，洼则盈④，弊则新⑤，少则得，多则惑⑥。是以圣人抱一⑦为天下式⑧。不自见⑨，故明⑩；不自是，故彰⑪；不自伐⑫，故有功；不自矜⑬，故长⑭。夫唯不争，故天下莫能与之争。古之所谓曲则全者，岂虚言哉! 诚全⑮而归之⑯。

【注释】①曲：委屈。曲意迁就的意思。②全：完备，完整。③枉则直：枉，屈、弯曲。意为曲己从人，则道可得伸。④洼则盈：洼，低洼。盈，满。即指地低洼水流入，意为人谦卑处下，德行就会深厚。⑤弊则新：弊，通"敝"。凋敝，破旧，破损。指自己受弊薄，先人后己，就会自新。⑥惑：困惑。⑦抱一：抱，守。一，即道。此意为守道。⑧式：范式，榜样。⑨见：通

"现"，显现。⑩明：明智通达。⑪彰：彰显，彰明。⑫伐：自吹自擂，夸耀自己。⑬矜：自夸，自恃。⑭长：长久。⑮诚全：即全受全归，意为确确实实能够返归大道。⑯归之：回归大道。

【译文】曲己从众，就能保全自身；屈己伸人，久久就会得正气常伸；低洼便会充盈，做人谦卑处下，就能德行深厚；自己甘受鄙薄蔽陋，久久就会自新；天道佑谦，神明托虚，自己贪欲越少，得到的自由也就越多；多贪财货就会迷惑，而成为财货的奴隶。因此，有道之人抱朴守真，守性不移，作为天下人效法的榜样。不表明个人主观的立场和看法，而是通过大道的法则来显现，所以对事物能看得分明；不自以为是而否定他人，而是遵循客观事实的道理来言明，所以对是非判得很清楚；不自我夸耀，反而能有所功劳；不自高自大，反而能长久不危。因为不与任何人争，而是顺乎自然，让每个人都各行其道，所以遍天下没有人能够与他争。古时所谓"委曲便会保全"的话，怎么会是空话呢？抱朴守一实实在在能够全受全归以返其大道。

第二十三章

【题解】老子在前面几章已多次阐明"行不言之教""悠兮其贵言""多言数穷"等类似的话，本章一开始就阐述了"希言自然"的道理。这一章和十七章都是相对应的，都是在告诫统治者不要施行暴政，要行无为之政。所谓同声相应、同气相求，物类相从，辩证统一，身修则国治，以身帅道，清静无为，自然百姓和乐，天下安和。凡是一切违逆自然之道的，很快便会夭亡。

希言①自然。故飘风②不终朝，骤雨③不终日。孰为此者？天地。天地尚不能久，而况于人乎？故从事于道者④道者，同于道；德者同于德；失⑤者同于失。同于道者，道亦乐得之；同于德者，德亦乐得之；同于失者，失亦乐得之。信不足焉，有不信焉。

【注释】①希言：字面意思是少说话。此处指道本无声无息，无作无为。②飘风：旋风，暴风。③骤雨：大雨、暴雨。④从事于道者：按道办事的人。此处指统治者施政行教合乎大道，顺乎自然。⑤失：指失道或失德。

【译文】道本无声无息，无作无为。狂风虽然强劲却刮不了一个早晨，暴雨虽然强急却不能整天不停地下。是谁行狂风施暴雨的呢？是天地所为。天地至神，施行狂风暴雨还不能从朝到暮，更何况人在天地之间，渺如太仓一粟，欲为暴行怎么可以呢？所以能够自觉按照大道的运行规律进行施政行教的君王，就能够顺乎自然、合于大道；举动行事能够体道行德的君王，就会深得民心，合于大德；施行暴政、任意妄为的君王，就会离失民心，祸国殃民。那些顺从自然大道的君王，大道同样也会佑护他，顺从他，使他得民心，安天下；那些仁恩泽被，大爱于天下的有德之君，也同样会因为圣德受到天下百姓的拥戴和赞誉；那些任意妄为、施行暴政的无道昏君，同样也会因为自己的任意妄为、实行暴政而遭到大道的离弃，招致丧邦失国、众叛亲离。君王的诚信不足，天下的百姓也同样会以不诚信而欺骗君王。

第二十四章

【题解】本章同第二十二章一样，都是老子对其第二章所阐述的朴素自然辩证法的进一步深化和解说。一切的事物都是辩证的对立统一，大道是心物一元，体用不二，色空一如。所以"企者不立""跨者不行""自见者不明""自是者不彰""自伐者无功""自矜者不长"。这些表现及其结果都是相互对立、相互矛盾的。因此，人们最终要认知到什么事物都是相反相成相互转化的，只有认知了大道的本体，掌握了大道的妙用，才能常守中道，故说"有道者不处"。

自今及古，圣人在天下歙歙焉，为天下浑其心。执守阴阳平衡之道，阐述大道之理，目的就是让天下大众认知大道，合道于身，守性不移。

企①者不立；跨②者不行；自见者不明；自是者不彰；自伐者无功；自矜者不长。其在道也，曰余食赘行③。物④或恶之，故有道者不处⑤。

【注释】①企：一本作"跂"，意为举起脚跟，脚尖着地。一说为进取之意，即指贪权慕名、进取功利者，喻竦身失衡者不能长久。②跨：跃，越过，阔步而行。意指好高争先，行为不正之人。③赘行：即赘形，多余的形体，因饱食而使身上长出多余的肉。意指"企者""跨者""自见者""自是者""自伐者""自矜者"贪婪好争、专横跋扈、嗜欲极强之人。④物：人物，指众人。⑤不处：不处于此。意为不会令自己处于这种境地。处，居于、处在。

【译文】竦身失衡的人，不能长久地站立；叉开两足跨步而行的人，不能正常地行走；自逞己见的反而得不到彰明；自以为是的反而得不到彰显；自我夸耀的反而建立不起功勋；自高自大的不能做众人之长。从根本大道的角度来看，以上这些贪婪功名、好强争先、自傲自夸、矫揉造作的行为，就好像是残羹剩饭、赘肉骈枝一样。这些妄图能立能行、昭明表彰、功堪动人、长可迈众的人都是大众所厌恶的，所以有道之人也绝对不会与之为伍，而自处其中。

第二十五章

【题解】截止本章，我们对老子对宇宙人生的真理实相、天地万物的主宰，即无为大道有了几点基本的认知和了解。大道的特征和内涵，在第一、四、五、六、十四、二十一和本章里几乎已经阐述殆尽。此章亦在重申大道的恒久性、普遍性、独立性、本源性以及它的妙用。

大道具有绝对性、普遍性、恒久性、独立性、本原性、平等性、抽象性等特性；大道生成天地万物，是天地之根，万物之母，宇宙的起源；大道真空妙有，色空不二，体用一如。

它浑浑默默、浩浩荡荡、希夷微妙、幽隐难明；它至虚至实、至无至有、至仁至善、常应常照、清净平等；它无形无相、无声无臭，不生不灭，不垢不净；它无作无为、无私无欲、无睹无闻、无大无小，无内无外；它空虚无物而无处不在，历久不衰而无穷无尽。

大道"在太极之先而不为高，在六极之下而不为深，先天地生而不为久，长于上古而不为老"；大道"有情有信，无为无形；可传而不可受，可得而不可见；自本自根，未有天地，自古以固存；神鬼神帝，生天生地。"

在本章里，老子还提出"道""人""天""地"这四个存在，而"道"为最贵。大道独立不改，亘古长存，它运化万物生生不息，归根复性，周而复始，无有穷极。

有物混成①，先天地生②。寂兮寥兮③，独立不改④，周行而不殆⑤，可以为天下母⑥。吾不知其名，字之曰道⑦。强为之名曰大⑧。大曰逝⑨，逝曰远，远曰反⑩。故道大，天大，地大，王亦大。域中⑪有四大，而王居其一焉。人法⑫地，地法天，天法道，道法自然⑬。

【注释】①有物混成：指"道"。混成：混然而成，即浑朴的状态。意为大道浑浑默默、浩浩荡荡、希夷微妙、幽隐难明。大道创生万物恢宏广大而混沌不明，它无形无相，而又无名无姓，幽隐玄妙，恍惚不明。②先天地生：即指大道先天地便已经存在。可参看《庄子·内篇·大宗师》："在太极之先而不为高，在六极之下而不为深，先天地生而不为久，长于上古而不为老。"③寂兮寥兮：寂，寂静，无声无息。寥，寥廓，空虚广大。即指大道无声无臭、无形无相之特征。④独立不改：独立，无匹配。不改，运化有常。形容大道的绝对性、独立性和恒久性。⑤周行而不殆：周行，循环运行。不殆：不息之意。意指道之运化虽然周遍万物而通达古今，却始终永不停息地运作。⑥天下母：母，即指"道"，天地万物皆由大道创生，故称"母"。⑦字之曰道：称呼其名为"道"。⑧大：形容大道空虚无物而无处不在，历久不衰而无穷无尽。它包天裹地、无不含容，无不运载。⑨逝：指大道的运行周流不息，居无定所、永不停止的状态。⑩反：同"返"，意为归根复性，复归大道之原状。⑪域中：即空间之中，宇宙之间。⑫法：效法。⑬道法自然：即大道无为自化，自然而然。

【译文】在鸿蒙未开，天地未兆之前，大道浑然一气，浑沦磅礴，浩荡弥纶，希夷微妙、幽隐难明。它浑然而成，先天地生。它无声无臭、无形无相、无睹无闻，自一动而开天地、分阴阳、化四象、运五形，无物不有，无时不在，孑然独立，浑然中处。它运生万物，历久不衰，生生不已，化化无穷，自从混沌以来以致于今，它不改常度，一气周流，遍通法界，开阖自如，无有穷极。它虽然千变万化，迭出不穷，但万事万物没有不是从此诞生的，所以称它为天地万物之母。

大道浑浑默默、浩浩荡荡、至显至微、至虚至实，它无形无相、无声无臭，浩无穷极，渺无踪影。我不知道大道的名姓，因为看到它是天地万物共由之路、公通之端，就称呼它为"道"。因为它弥纶天地、量周沙界、无不含容、无不运载、浩浩渺渺、无有穷极，就勉强称其名为"大"。又因为它运化万物，生生不息，空虚无物而无处不在，历久不衰而无有穷极。它变化神通，悠远难测，所以又称其"远"。它变极而通、穷极而反，宛转流通、循环不已，最终还是归根复性，返归大道的本初，所以称其"返"。

大道包罗天地，无不含容，所以道最大。道之外，惟有天无所不覆，所以道外天最大。天之外，惟有地无所不载，所以天外地最大。地之外，惟有王管理河山，统辖人物，无所不制，所以地外王最大。宇宙之间有四大，而王占据其一。

但是大地承载万物，所以王管理河山、统辖人物就要效仿大地的贞静柔和，劳而不怨，为而不恃。而大地为天所覆盖，所以大地就要效法天的施不求报，长养万物。然而道无为而自化，无作而物成，所以天就要效法大道的任运自然，无作无为。

第二十六章

【题解】老子在第二章中提出了朴素的自然辩证法, 举出了美丑、善恶、有无难易、长短、高下、音声、前后这些范畴。在第十三章中他又提出了宠辱的概念, 在本章中, 他进一步提出了动静、轻重的范畴。

圣人老子论述到, 重是轻的根本, 静是动的主宰。作为万乘之国的君王, 应当保身重命, 不要被世俗功名利禄、声色货利这些虚华不实的身外之物所诱惑, 从而失去生命的根本, 而轻浮无根。不要被世间恣情纵欲的嗜欲之情所干扰, 从而失去心性的主宰, 而躁动不安。告诫君王必须处虚守静, 无私无欲, 超然物外而晏然自处。

重为轻根①, 静为躁君②。是以圣人终日行不离辎重③。虽有荣观④, 燕处超然⑤。奈何万乘之主⑥, 而以身轻天下⑦? 轻则失本⑧, 躁则失君⑨。

【注释】①重为轻根: 重, 稳重, 厚重, 此指身命。轻, 轻浮, 此指身外之物，即功名利禄、声色货利等。根，根本，根源。②静为躁君：静，虚静无为，此指心性、本性。躁，动，此指嗜欲之情。君，主宰。③辎重：古代指军中载运器械、粮食的车辆。这里指不脱离赖以生存的基础，意即重身保命，守性不离。④荣观：指繁华而漂亮的宫阙，这里喻指富贵优越的生活。⑤燕处：燕，安静，安闲。形容安然而处，不为所动。燕处亦作"晏处"即安然自处。⑥万乘之主：乘指车子的数量。"万乘"指拥有兵车万辆的大国，古时一车四马为一乘。周制，天子地方千里，能出兵车万乘，因以"万乘"指一国之君。⑦以身轻天下：意指君王治天下而轻视自己的生命，恣情纵欲伤身害命。⑧轻则失根：轻浮纵欲，则失治身之根。⑨躁则失君：躁动不安，则失心性之本。

【译文】重是轻的根本，静是动的主宰。怎么可以让一个万乘大国的君主，竟然为了身外之物而不惜戕害自己的心性与身命，连天下国家都不顾了呢？轻浮纵欲就会失去身命的根本，浮躁妄动就会迷失心性的主宰。

第二十七章

【题解】本章是对大道无为自化，自然而然的进一步引申和阐述。这里所谓的"善"非世俗之善，而是大道无作无为的印证和解说。老子所谓"善行""善言""善数""善闭""善结"都是指体道圣人以身帅道的表征。体道之圣人，求己不求人，所行所言，所施所为，无为不通，随在皆当，内无歉于己，外无恶于人。他立己立人，人无遗类，成己成物，物无弃材；他见善则迁，有过则改，返观内省，自化化人。

大道任运自化，浑然朴拙，不加一点人为，所以我们要不自见、不自是、不自伐、不自矜；大道无善无恶、无是无非，至仁至善，至虚至实，所以我们要效法圣人，不偏不倚，常守中道。

善行无辙迹①，善言②无瑕讁③；善数④不用筹策⑤；善闭无关楗⑥而不可开；善结无绳约⑦而不可解。是以圣人常善救人，故无弃人；常善救物，故无弃物。是谓袭明⑧。故善人者，不善人之师；不善人者，善人之资⑨。不贵其师，不爱其资，虽智大迷，是谓要妙⑩。

【注释】①辙迹：意指行走时留下的痕迹。车行称辙，步行称迹。②善言：指善于采用不言之教。③瑕谪：过失、毛病、差错。瑕，疵过。谪，谴责。④数：计算。⑤筹策：古时人们用作计算的器具，即竹码子。⑥关楗：关门的木闩、栓梢。横的叫关，竖的叫楗。⑦绳约：绳索。约，指用绳捆物。⑧袭明：袭，因循，因袭。意指了了明知，时时事事都循乎大道。⑨资：取资、借鉴的意思。⑩要妙：精要玄妙，深远奥秘。此指大道。

【译文】圣人做事，当做则做，当止则止，他所做之事不留一点痕迹；圣人发言，当言则言，当止则止，所言恰到好处，不会使自己受辱，也不会使他人贻羞；圣人计算事物，揆之以理，察之以情，顺理而施，如情而止，宜多则多，当少则少，根本用不着竹码子；圣人断绝外缘，息灭情欲，精神内守，真气不散，一念不生，虽然没有栓梢，但没有人能够使他动心乱性；圣人神气相依，身心合一，心性不动，如如自在，事事无碍，虽然没有绳索的捆缚，但没有人能够分解的开。

圣人立己立人，己达达人，所以人无遗类，咸登善域；圣人仁人爱物，成己成物，所以物无弃材，物尽其用。这就是圣人自己明白了大道，又推己及人，使人人都明悟大道。

善人浑然忘我，不善之人受到感化就尊他为师；不善之人，善人见到之后，引以为戒，有则改之，无则加勉。如果自恃其才，自逞其能，见到善人不知道把他奉为楷模，见到恶人，不知道引以为戒，不知道见贤思齐，不贤内省。这样之人虽然天赋秉性甚好，聪明才智甚高，也是愚昧好自用，卑贱好自专的昏昧之人。所谓的善者尊他为师，恶者引以为戒，都是有益助道的要术，善恶虽然不同，但都是历事练心的治身之妙道。

第二十八章

【题解】在前面的第二、十九、二十二章中, 老子都已经提出了朴素的自然辩证法, 要让人们认知到事物的相反相成相互转化的道理。

这一章重点阐述"复归"之道。面对政治动荡、社会混乱、你争我夺、纷纭扰攘的春秋末年, 老子提出了"守雌、守黑、守辱"的处世原则。统以上诸章可知, 只要人们能够"不自见, 不自是, 不自伐, 不自矜""虚其心, 实其腹, 弱其志, 强其骨""见素抱朴, 少私寡欲""专气致柔, 虚极静笃""敦兮其若朴, 如婴儿之未孩"就会"归根复命", "复归于婴儿"而"贵食母"。

老子强调清静无为, 无私无欲, 如同天性淳厚的婴儿一样天真无邪, 重返初始纯朴之自然真性。只要人们顺乎自然, 合身于道, 抱朴守一, 就可以返璞归真, 就可以反乱为治, 重新回到以道治国、无为而治的大同社会。

知其雄^①, 守其雌^②, 为天下谿^③。为天下谿, 常德不离, 复归于婴儿^④。知其白^⑤, 守其黑^⑥, 为天下式^⑦。为天下式, 常

德不忒⑧，复归于无极⑨。知其荣，守其辱，为天下谷⑩。为天下谷，常德乃足，复归于朴⑪。朴散则为器⑫，圣人用之，则为官长⑬，故大制不割⑭。

【注释】①雄：喻指阳刚之气，有为进取之心，争强取胜之事。②雌：喻指阴柔之性，虚静无为，柔弱处下，与世无争。③谿：沟谿。形容谿谷低深，水流都汇聚到了这里，此处喻指有德之人天下归之。④婴儿：喻指像婴儿一样天性淳厚，无私无欲，纯真质朴，完全是自然本性的流露。⑤白：比喻昭昭、彰明。⑥黑：比喻暗昧不明，默默无闻。⑦式：法式，楷模。⑧忒：过失、差错。⑨无极：意为鸿蒙之初，大道之源。⑩谷：深谷、峡谷，喻指有道之君甘居污浊卑下之地，犹如水流入深谷一样，天下所归。⑪复归于朴：朴，朴素。指纯朴的原始状态。意指返璞归真，回到大道之初。⑫器：器物。喻指被质朴原始的大道化生孕育成形形色色的万物。⑬官长：百官的首长，领导者、管理者。⑭大制不割：制，制御、统御。割，割裂，伤害。意指：有道之君以大道的妙用来统御天下，不假人为，浑然任运，无所伤害。

【译文】深知进取有为，争强好胜之气，却能持守柔弱和顺之性。能够如此，虚静无为，柔弱处下，就如同水流入溪谷一样，虚怀若谷令天下人归心。如此谦下处卑，就会常德恒在，道不离身，这样就能返归于纯真质朴、无私无欲的境界如同那初生的婴儿一样。深知昭然明明，洞察悉见，却昏昏默默、如痴如愚而无所知见。能够如此，就可以成为天下人的楷模。能成为天下人的楷模，就会无所不通，随在皆当，不偏不倚，无过无不及，没有丝毫的偏差，从容中道，返本还原，返璞归真。深知尊荣富贵的显耀，却能虚静淡泊，安守卑辱贱下，能够如此，就如同百川入谷一样，众望所归，这样大德圆满，就能抱朴归真，与道合一。

大道空虚无物，朴拙无为，却能一本散万殊，一道生万有，体道圣人巧妙地运用大道，就能够成为百官的首长。所以有道之君统御天下，浑然任运，曲成万物，没有丝毫的割裂与伤害。

第二十九章

【题解】在前面的第三、五、十七、二十三、二十六、二十八章，老子都强调了"无为而治"的重要性。本章更是通过自然辩证法的相反相成原理，重点阐述执意强求、妄加施为的危害，面对人欲、物欲横流，君王锐意进取的社会，他告诫统治者以一己之私欲而任意妄为，若执意取天下而为之，都将是自取灭亡。世间无论是人还是物，都有各自的秉性，都要顺应自然，因应物性，不可强加人为。

统治者要"去甚、去奢、去泰"，清静无为、无私无欲，以道修身，以身帅道，自然百姓和乐，天下安泰，这样才可臻于郅治。

将欲取①天下而为②之，吾见其不得已③。天下神器④，不可为也。为者败之，执⑤者失之。故物⑥或行或随⑦，或歔⑧或吹⑨，或强或羸⑩，或挫⑪或隳⑫。是以圣人去甚⑬、去奢、去泰⑭。

【注释】①取：攻取，夺取，攫取。②为：指有为，靠强力去做。即有为而治。③不得已：达不到、得不到。此处意指上不合天道，下不合民心。④天下神器：天下，指天下人。神器，神明之器，神灵之物。代表国家政权的实物，如玉玺、宝鼎之类。借指帝位、政权。意指天下国家是神明之器，应当怀有诚敬之心，只能恭敬和顺从，不可任意攫取。⑤执：掌握、执掌。此处有强意把持的意思。⑥物：指人，也指一切事物。⑦随：跟随、顺从。⑧歔：同"嘘"，指轻声和缓地吐气。⑨吹：急切地吐气。⑩羸：羸弱、虚弱。⑪挫：一说作"载"，安稳。一说作"培"，增益。本书依照前者作释。⑫隳，危险，毁坏。⑬甚：过分，没有节制。⑭泰：奢侈。河上公注："甚谓贪淫声色，奢谓服饰饮食，泰谓宫室台榭。"

【译文】谁想要攫取天下，并且按照自己的意愿去治理它，这样上不合天道，下不合民心，我看是行不通的。天下是神明之器，是由大道支配着的，神圣而不可亵渎，神明而不可轻忽，是不能以个人的好恶强行妄为的。任意妄为，废弃天道，必然会遭遇败亡，执意攫取，失其本真，必然会丧失天下。

万事万物都在运化不息，有看似在前却反而随后的，有看似缓慢却反而急促的，有看似刚强却反而羸弱的，有看似安稳却反而危殆的。所以明道之君总是循守常道，顺乎自然，没有骄奢淫逸，没有声色货利，没有纵情嗜欲，无论是治世还是修身都没有过度的、夸大的、极端的行为。立身修道无过无不及，从容中道，无为而自化。

第三十章

【题解】圣人老子接着前一章的论述，阐述了不以真理正道统御天下所带来的利弊以及军事用兵的原则。一旦至真大道难以维系，不得已才采取军事手段铲除邪恶，使天理周流、万物衍生。然而"天生烝民，有物有则。民之秉彝，好是懿德"。有战争就会有伤亡，有伤亡就会有凶灾。因果不虚，祸福无门，战争必然也会得到相应的报复。

以道佐①人主②者，不以兵③强④天下，其事⑤好⑥还⑦。师⑧之所处⑨，荆棘⑩生焉。大军⑪之后，必有凶年⑫。善者果⑬而已，不敢以取强。果而勿矜⑭，果而勿伐⑮，果而勿骄，果而不得已，果而勿强。物壮则老，是谓不道⑯，不道早已。

【注释】①佐：辅助，帮助。②人主：古代专指一国之主，即帝王。③兵：军队。④强：逞强，称雄。⑤其事：指"兵强天下"之事。⑥好：容易。⑦还：返还，复返。这里意指报复、偿报。⑧师：泛指军队。古代军队的编制，二千五百人为一师。⑨处：处所，地方。意指驻扎、交战的地方。⑩荆棘：泛指山野丛生多刺的灌木。土地荒芜而荆棘生，此处指土地荒芜，民不聊生之意。⑪大军：指重大的军事行动，残酷的战争杀伐。⑫凶年：荒年。指粮食歉收，百姓饥荒之意。⑬果：目的，结果。⑭矜：自夸，自恃。⑮伐：自吹自擂，夸耀自己。⑯不道：非道。

【译文】用道来辅佐君主的人，就不会依靠武力称雄于天下。依靠强大的武力称雄于天下，很快就会遭到自然的报复。军队驻扎、交战之地，荆棘丛生、土地荒芜。一场残酷的战争杀伐之后，必会发生饥荒、灾祸和混乱。所以擅于运用武力的人，只求消除邪恶，获得胜利而已，不敢以武力来逞强。捍卫了正义但不自夸，捍卫了正义但不炫耀，捍卫了正义但不自傲。捍卫正义是不得已不去做的，既然消除了邪恶，捍卫了正义就不要逞强。物极必反，事物壮大了，必然都会走向衰败，这就属于非道，非道很快就会灭亡。

第三十一章

【题解】本章接着前一章的论述，为治世者详细地指明了对待武力应当持有的正确态度，以及采取武力解决问题的正确方法。警告统治者不可好战喜兵、穷兵黩武。上天有好生之德，君子治国牧民，应当贵德贱兵、正道化人，以仁爱、慈悲之心消弭战争、抚恤万民。

夫佳兵①者，不祥之器。物②或恶之，故有道者不处③。君子居④则贵⑤左，用兵则贵右。兵者不祥之器，非君子之器，不得已而用之，恬淡为上。胜而不美，而美之者，是乐⑥杀人。夫乐杀人者，则不可以得志⑦于天下矣。吉事⑧尚左，凶事⑨尚右。偏将军⑩居左，上将军⑪居右，言⑫以丧礼处之。杀人之众，以哀悲泣之；战胜，以丧礼处之。

【注释】①佳兵：好的兵器，锋利的武器。②物：他人，众人。③处：接触，相交。④居：指平时，日常居处。⑤贵：以……为贵，即崇尚，尊崇。⑥乐：以……为乐。⑦得志：实现志愿。此指治理天下的心愿。⑧吉事：吉祥之事。古代指祭祀、冠礼、婚嫁等。⑨凶事：指丧事。⑩偏将军：系将军的辅佐，此官制始设于春秋，通常由帝王拜授，也有大将军拜授的。主管抚恤、调解、议和之事。⑪上将军：中国古代军事首领的官名。战国已有。秦因之，汉不常置，金印紫绶，位次于上卿。职掌为典京师兵卫，或屯兵边境。主管征伐、作战、杀罚之事。⑫言：谈论，记载，记述。

【译文】凡修饰再好的兵戈甲胄，也都不是吉祥的器物，众人都普遍厌恶它，所以有道的君子是不会相处的。

君子平时都以谦和退让为贵，用兵之时才进取和征战。兵戈甲胄等这些兵器都不是吉祥的器物，不是君子所依恃的器物。君子在迫不得已之时才会使用它，贵在以清静淡泊为上。即使获得了战争的胜利，也并不以为这是什么好事，如果认为这是美好之事，便是以杀人为乐。那些以杀人为乐的君王，是无法获得民众的爱戴，实现治理天下的心愿的。吉庆之事以退让谦和为贵，凶丧之事以争夺战争为贵。因此，不专杀的偏将军，站在兵车的左边；主杀的上将军，站在兵车的右边。这就是说，它是按丧礼的位置排列的。战争中杀人众多，就要以悲痛的心情来对待。打了胜仗，也要用丧礼的仪式来处置有关善后事宜。

第三十二章

【题解】大道的特征和内涵，在前面的第一、四、十四、二十五章里老子几乎已经阐述殆尽。而本章重申大道的功用，重在教示天下人明白"知止"之理，不要徇名而逐末，不可背道而乖行。以"知止"示道，正是要人止欲合道。统治者若能体道而行，就能发挥大道的妙用，使阴阳协合，风调雨顺，百姓安居乐业，天下和乐安泰，万物自化，无为而治。

大道空虚无物，无形无名，反而无人不具，无物不有。一本散万殊，一道生万有。道散于外，浩渺无垠，浑沦莫测。及敛之于内，混混沌沌，退藏于密。

道常无名①，朴虽小②，天下莫能臣③也。侯王若能守之，万物将自宾④。天地相合，以降甘露⑤，民莫之令而自均⑥。始制有名⑦。名亦既有，夫亦将知止⑧。知止所以不殆⑨。譬⑩道之在天下，犹川谷之与江海。

【注释】①道常无名：这里指大道无名无象，却能生成万有，恒久亘古，不变不迁，不坏不灭，无法形容，不可名状。②朴虽小：朴，这里用来形容大道之初，鸿蒙一片，天地未分，混混沌沌，犹如一根未被刀劈斧凿的圆木一样。"朴"即以未破的圆木借喻为未散的道体。"朴"虽然浑沦一体，不具一物之形，却具万物之质，可成万物之用。它能阴能阳，能弛能张，能大能小，能内能外，具有万物生成之理，藏有天地造化之妙。③莫能臣：臣，使之服从。这里是说没有人能臣服它。④自宾：宾，服从。自将宾服于"道"。⑤甘露：即雨露，意指阴阳和谐，风调雨顺，万物生长，人寿年丰。⑥自均：自然而然地均衡调理，各适所宜。⑦始制有名：始，即大道之初，天地万物的开始。制，创制，生成。有名，即无名大道衍生万物，万物既成，形名已立，万物繁衍而无止，便形成生机勃勃的大千世界。⑧知止：一作"知之"。意指面对形形色色的大千世界，不可逐物而弃道，随欲而失德。⑨所以不殆：不殆，没有危险。⑩譬：比喻。

【译文】大道无名无象，不可形容，不可名状。它微妙玄通，寂然虚静，至神至妙，不变不易，不坏不灭，亘古长存。大道之初，鸿蒙一片，天地未分，混混沌沌，犹如一根未被刀劈斧凿的圆木一样。（"朴"虽然浑沦一体，不具一物之形，却具万物之质，可成万物之用。它能阴能阳，能弛能张，能大能小，能内能外，具有万物生成之理，藏有天地造化之妙。大道空虚无物，无形无名，反而无人不具，无物不有。一本散万殊，一道生万有。道散于外，浩渺无垠，浑沦莫测。及敛之于内，混混沌沌，退藏于密。）道朴虽小，微妙无形，其大无外，其小无内，天下没有任何力量可以役使它，无论是伟大的圣人，还是权贵一时的君王诸侯，没有任何人可使他臣服。

诸侯君王如果能够守道而行，效法天地之德，得其虚静，那时国家天下不求治而自治；人心自然之理，不期然而自然。犹如天地阴阳二气和谐,而风调雨顺、物茂年丰,虽然无人下命令,万民都会自适其宜,和谐安乐,没有厚此薄彼之分,没有你多我少、贫富不均的现象。

无名大道创制生成天地万物,造化万千形形色色的大千世界,万事万物形名已立,就应该明白"知止"的道理。(万事万物都是虚幻不实、有生有灭的,道流行于万物之中,无处不有,无处不在。有道才有器物,有器物才有其名。舍道而求器,舍器而求名,都是舍本求末,贪物丧德,图名而失实。)明白了止欲的关键,就会归于大道,常存不殆。如果天下人都能像川谷归江海那样归之于道,归之于宗,内外无间,与天地合其德,与大道合其元,自然会与道合真。

第三十三章

【题解】本章与第九章、十章、十五章、二十章的写法内容类似，都是在向人们开示大道，希望人们抱朴含真，同归于道。然而本章正面直言，毫无讳忌。

老子慈悲心切，希望有志修道之人，应当"自知、自明、自胜、自强"，正所谓人我一体，物我无分。一身兼万道，万道尽于一身。于是乎，身修则国治，正己则人自化。

知人者智①，自知者明②。胜人者有力③，自胜者强④。知足者富⑤。强行者有志⑥。不失其所者久⑦，死而不亡者寿⑧。

【注释】①知人者智：智，机智、聪颖。意指能够知明了别人的心志言行，知道他人的长短善恶，就是有智慧的表现。②自知者明：明，通达明了。指能够认知自身的长短优劣，并能够明悟本心，真知真智显现，彻达宇宙本源，天地万物人我，无所不知，无所不晓。③胜人者有力：胜人，指胜过别人。意为能够以智力、武力、威力等战胜他人战胜外物。④自胜者强：自胜，指战胜自己的欲望。意指能战胜自己的欲心妄念、私心贪欲，能弃恶从善，使心身合于道德，无私无畏。⑤知足者富：知足，指心不妄求，身不妄为，淡泊明志，随遇而安。意指人能淡泊自守，清心寡欲，安闲自适，悠然坦荡，身贫道不贫，境困心不困，在尘不染，心超物外，就是最富有的人。⑥强行者有志：强行，坚持不懈、持之以恒。形容人的志向远大，志心坚定，矢志不改，无坚不摧，无孔不入，其力无穷，山不能阻，水不能止，人不能夺，物不能移。⑦不失其所者久：所，居所，处所，这里引申为大道之本体。意指人能够以身载道，就能够长生久视。⑧死而不亡者寿：指人的形体肉身虽然已经死亡，但是真性虚灵不昧，真心浩劫长存，真我不生不死，不坏不灭，万劫常驻，与天地齐寿，与日月同光。

【译文】能够察知明了别人的言行心志，看透别人的长短善恶，就是聪明人。能够认知自我的长短优劣，明悟本心，证道真性，就是真正的圣明。能够通过武力、威力、智力战胜别人，就是有能力的人。能够战胜自己的欲心妄念，使私欲净尽，天理流行，身心合道就是无私无畏的强者。能够知足常乐，随遇而安，悠然坦荡，浩气长存，尘境不染，心超物外就是真正的富有。行道能够立下金刚不退之志，无坚不摧，山水难阻，人物不移就是真正的有志之人。能够以身载道，道不离身就能长生久视，形神俱妙，与道合真。大道既明，身命虽死，而真性不坏，浩劫长存。

第三十四章

【题解】本章仍然是阐发大道的妙用，继续论述了三十二章的道理。大道长养万物，为而不恃，功成而不居，任运而无为。大道流行之妙，非小非大，可大可小。非左非右，可左可右。非上非下，可上可下。非顺非逆，可顺可逆。无所不至，无所不达。在方为方，在圆为圆。向无定向，形无定形。任其物性，顺其自然。神用无方，造化周遍。不即不离，无去无来。不属于有无，不落于方所。本体虽然湛寂，造化却运乎无穷。

圣人老子在此章暗含之意，即统治者应当体道而行，顺道而为。

大道汜^①兮，其可左右^②。万物恃之而生而不辞^③。功成不名有。衣养^④万物而不为主。常无欲^⑤，可名于小；万物归焉而不为主，可名为大。以其终不自为大，故能成其大。

【注释】①汜：同"泛"，广泛或泛滥。引申为普遍、广博。指大道本体渊涵无限，浩荡无涯。②左右：意指大道非左非右，可左可右。向无定向，形无定形。任其物性，顺其自然。③不辞：辞，推辞、辞让。意指大道运载万物，周边万有，不推辞，不逆止。④衣养：一本作"衣被"，意为覆盖。指大道无人不被其涵濡，无物不荷其帡幪。⑤常无欲：即常清常静，真常之道。

【译文】大道周边无方，无不含容，无不运载。它非左非右，可左可右，向无定向，形无定形。随时取用，无人不遂，无物不充。不属于有无，不落于方所。古往今来，天地万物都赖道而生，大道却从不推辞，从不停息。它生育长养天地万物，却任天地万物自生自遂，大道不居为己有。它无往而不在，无物而不有，大至无极，小至无伦，普护一切，包涵万有，却从不主宰，从不夸耀，任运自然。真常之道，常清常静，无欲无为。从小处来看，即使一草一木也没有例外，皆是道育，弥纶万有，纤尘悉化。从大处来看，它统育群生，无不含容，亘古及今，没有一物例外，没有一人不归。圣人就是因为体道而行，从来不居功，不自大，不自夸，所以就能够像大道那样成就他的伟大。

第三十五章

【题解】本章阐述大道的内涵具有隐寓的言外之意。大道虚静平淡，它能使万民归心，天下太平，它的功用和造化无穷无尽。本章旨在对大道的讴歌。

统治者如果能摆脱声色美食的诱惑，循守大道，就可以使百姓安居乐业，天下安泰平和。圣人老子给予了对天下百姓安危生存的担忧。

执大象①，天下往。往而不害，安平太②。乐与饵③，过客止。道之出口，淡乎其无味，视之不足见，听之不足闻，用之不足既④。

【注释】①大象：比喻无形无象、生天生地的大道。大道本体虚无，妙用万有，无象之象，是谓大象。②安平太：安，乃，则，于是。太，同"泰"，安宁、安泰、平和。意指天下人归于大道，就会无伤无害，和平安泰。③乐与饵：音乐和美食。泛指一切的声乐和美味的贪恋和享受。④既：尽的意思。

【译文】人能够常操常存，离有离无，大道就会常在。能够持守大道，天下万民万物都会归向，无伤无害，天下百姓都会安居乐业，平和安泰。世间一切的声乐和美味的贪求，虽然可以使匆匆的过客流连不去，停步驻足，但这些声乐和美味的贪爱和享受是不能常久的。大道无声无臭，大象无形，因而视而不见，大音希声，因而听而不闻，妙用无有穷尽，因而用之不尽，它弥纶万有，亘古长存，所以人们应当体道而行，与道合一。

第三十六章

【题解】本章重在教导人们认知大道"微明"之理，重申阴阳互根、物极必反的自然辩证法，人们要掌握事物相反相成，相互转化的道理。"物极必反"，"盛极而衰"就是大道运行的规律。老子在此章重点阐述了自然辩证法在社会现象之中的运用，以提醒人们认知大道，掌握规律。

世间万物万事，皆有隐有显，有微有明。皆是隐显共存，显隐同观。微明之机，百姓日用却不知，显于面前而不见。微明之理，虽劫运变迁而不能移，圣人出世而不能易。用之于修身，是为大本；用之于治国，则为利器。统治者只有柔弱处下，无为不争才能掌握"微明"之理，实现天下的长治久安。

将欲歙①之，必固②张之；将欲弱之，必固强之；将欲废之，必固兴之；将欲夺之，必固与③之。是谓微明④。柔弱胜刚强。鱼不可脱⑤于渊，国之利器不可以示人⑥。

【注释】①歙：音吸，收敛之意。②固：副词，姑且、暂且的意思。③与：给，同"予"字。④微明：即自然规律幽隐的玄机、前兆、迹象或苗头，在显态事物中的微妙闪现。前文所列举的翕张、弱强、废兴、夺与，皆是阐述以柔弱胜刚强之理，其中都含有微明的道机。⑤脱：离开、脱离。⑥国之利器不可以示人：利器，即保卫国家的军队和武器，泛指治国的刑法等政教制度。示人，给人看，向人炫耀。

【译文】世间之物，将要使其收敛，就要先扩张它；要想削弱它，必先加强它；要想废弃它，就先要使它兴盛起来；要想夺取它，就先要给予它。这就是自然规律幽隐的玄机，在显态事物中的闪现。柔弱能够战胜刚强，鱼不可以脱离于水，一旦脱离水便会窒息而亡。国家的刑法政教不可以向人炫耀，不能轻易用来吓唬人。

第三十七章

【题解】本章和第三十二章一样，都是在论述大道的功用，第三十二章中提到"侯王若能守之，万物将自宾。"本章中又重申"侯王若能守之，万物将自化。"

在春秋末期，统治者任意妄为，民不聊生，战乱纷纷。老子深谙民生疾苦，既对统治者背道离德、狂施暴政、荒淫骄奢而深感痛惜，又对天下纷纷，人人忘却本来的一种挽救。他慈心广播，悲怀化世，但愿统治者能够以身帅道，归根复命，返本还原，以此己立立人，己达达人，统化万有，教化万民，使人人都明明德，识自性，归道本。只要统治者顺道而为，体道而行，天下自然无为自化，臻于郅治。

道常无为而无不为^①。侯王若能守之，万物将自化^②。化而欲^③作，吾将镇之以无名之朴^④。无名之朴，夫亦将无欲，不欲^⑤以静，天下将自定^⑥。

【注释】①无为而无不为："无为"是就大道本体而言，大道之本体无作无为，无形无象，不变不易，常应常照，常清常静。"无不为"是就大道之妙用而言，大道之功用造化无方，妙用无穷，普化万物，生天生地，一物不遗，一人不外，无不含容，无不运载。②自化：指自我化育、自生自长。③欲：指一切合道之情欲、欲念。④无名之朴："无名"指自然大道。"朴"就道之浑然淳朴而言。⑤不欲：即无欲，没有丝毫的私心欲念。⑥自定：定，安定，正定。意指天下万物皆各行其道，各负其职，相安无事，任运自化。

【译文】大道真常无为，不变不易，常应常照，常清常静，正因为其无为无作，所以无所不为，普化万物，生育天地，无不含容，无不运载，造化无方，弥纶万有，浩渺无垠。侯王如果能效法大道心如天地，性似太虚，施无为之德，行无为之政，必然会德化于民，天下百姓，乃至众生万物都会各得其性，各遂其生，化归于道。倘若人情日迁，情欲萌生，妄心欲作，我就要用浑然淳朴的无名大道来镇守它。天下万物万民无欲而返朴归真，就会物欲熄灭，妄情不生，自然民心清净，浑然淳朴。自然各归其道，各行其正。自然无为而治，任运自化，而天下大同了。

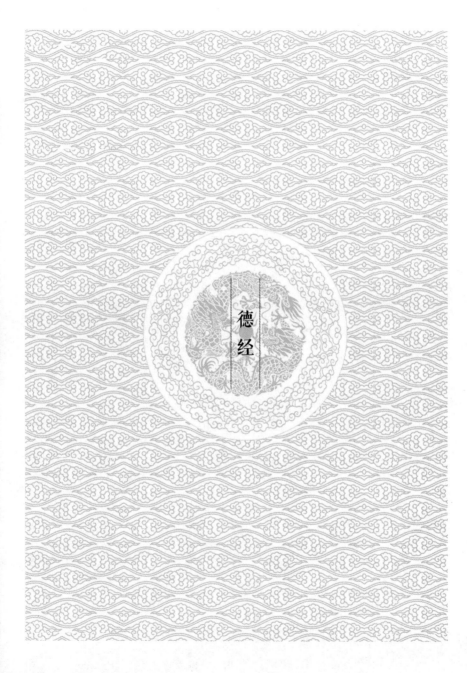

德经

第三十八章

【题解】本章为全经下篇《德经》之首，综论诸"德"，是《德经》之总纲。全经上篇《道经》系统诠释大道根源，大道即是宇宙人生的真如实相，天地万物的根本规律。认知了宇宙万物的大根大本即为明"道"，按照大道的规律去行去做即为"德"。

大道演化，创生万物，周而复始，穷久不息。自上德而下德，失德而后仁，失仁而后义，失义而后礼，每况愈下，渐次失离大道，世衰道微，人心不古，大道愈乖，次第流转，渐行渐远。

圣人老子视观天下芸芸，实为歧路亡羊，人心反常，逐妄迷真，荒废大道，障蔽本来，归家行程，咸无问津。他阐述道源，总论诸德，示世人以来源历程，传天下以归真妙道。

上德不德，是以有德①；下德不失德，是以无德②。上德无为而无以为；下德为之而有以为③。上仁为之而无以为；上义为之而有以为④。上礼为之而莫之应，则攘臂而仍之⑤。故失道而后德，失德而后仁，失仁而后义，失义而后礼。夫礼者，忠信之薄，而乱之首⑥。前识⑦者，道之华而愚之始⑧。是以大丈夫处其厚，不居其薄⑨；处其实，不居其华⑩。故去彼取此⑪。

【注释】①上德不德，是以有德：上德，即无上之德，自然无为的真常之德。意指上德以道为体，无私无欲，无心无意，天理独现，大道流行，不知有德，是以其德常存。②下德不失德，是以无德：下德，指下德，指德性尚未圆满，不能体道，有意施为。意为下德心意不纯，不能行无为之德，执于有为，失却纯然天性，以为有德，实则无德。③上德无为而无以为；下德为之而有以为：指上德以道为体，无所施为，以无心为用，和气周流，浑然周遍。下德失却道体，有心施为，执于名号，泥于表象。④上仁为之而无以为；上义为之而有以为：上仁，指至公无私、善性常存、至善无恶的无上仁爱。道体散失，大德不在，德性不纯，降为最近于德的无上之仁。上义，指慎无二心，临危不惧，祸难不顾，行事合宜，正道而行。这句话意指仁德缺坏，大道愈乖，只有无上的义德才最近于仁。上仁至善无恶，一视同仁。仁恩普泽，仁爱如天，随宜处顺，因物付物，功成事立，无以执为。上义无论顺逆，皆能以正心为宰根，统御一切，降伏其心。⑤上礼为之而莫之应，则攘臂而仍之：上礼，指天秩之品节，人事之仪规，有文有质，恭谨谦让。上义失散，大道愈乖，人心不古，以礼德来教化天下。攘臂，捋袖伸臂之意。"仍"即扔，意为强牵导引。这句话讲圣人用礼德来教化天下，世人见如不见，闻如不闻，违背教令，悖其礼条，不能归于礼德。圣人救世之心不息，爱民之心不厌，于是不得已就捋起袖子，伸出手臂，强拉着世人走正道，行礼德。⑥忠信之薄，而乱之首：薄，不足、衰薄；首，开始、开端。这句话意为社会到了以礼治世的时期，人的忠信之德已经丧尽，连做人的起码礼德都不能做到，这是社会混乱的开头。⑦前识：即人们常用的后天意识。⑧道之华而愚之始：华：花。这里是指浮华的外表。这句话意为人利用自己后天的聪明才智，对万物万象的认知和了解，都只是大道幻化的表象，人们只知道虚妄的表象，而不能透过万物万象体认宇宙的真相、大道的本体，这就是愚蠢的开始。⑨处其厚，不居其薄：厚，厚实，笃厚；薄，轻浮，轻薄。这句话意为得道的君子处身于敦朴浑厚的道性之中，不染于世俗人的名利浇薄之中，见道而不见欲，循理而不循私，以道自任而不辞。⑩处其实，不居其华：实：植物的果实。与"花"相对。这里是真实内涵的意思。这句话意为得道的君子处身于淳厚的道德之中，不迷于世俗的形形色色，万千变象，如如不动，守性不移。⑪去彼取此：即去除浮华轻薄之人心，得取道德淳厚敦实之本性。去人心，复道心，存天理，灭人欲。

【译文】上德以道为体，无私无欲，天理独现，大道流行，不知有德，是以其德常存。下德有意施为，失去纯然天性，以为有德，实则无德。上德无所施为，以无心为用，和气周流，浑然周边。下德有心施为，执于名号，泥于表象，有所偏颇，难以圆融。上仁至善无恶，仁爱如天，随宜处顺，无以执为。上义无论顺逆，正道而行，是非合宜，统御一切，降伏其心，有所执为。以礼德教化天下，世人见如不见，闻如不闻，违背教令，悖其礼条，不能归于礼德。不得已捋起袖子，伸出手臂，强拉着世人走正道，行礼德。

得道的君子处身于敦朴浑厚的道性之中，不染于世俗人的名利浇薄之中，见道而不见欲，循理而不循私，以道自任而不辞，如如不动，守性不移。去人心，复道心，除习性，复天性。

第三十九章

【题解】本章经旨，是圣人老子阐释"得一"的大道本源，向世人指明立本的重要性。在本章之中，圣人老子运用了六个"得一"，六个"无以……将……"其意义十分深刻，他重申了大道的本源性、普遍性、抽象性以及它的妙用。

大道生成天地万物，是天地之根，万物之母，宇宙之本。它空虚无物，无形无名，大无不包，细无不入，一本散万殊，一道生万有。万物得此而方生，万灵失此而绝命。

此章经义还重在教人认知大道的自然辩证法，万事万物皆有对立的两面，两面的平衡、合和与统一，即是中和之道，只有认知了大道的本体，掌握了大道的妙用，才能常守中道。

世人要立做人之本，明修身之道，就要忘乎贵贱、得失、是非、人我。能"处下""居后""谦卑"，"贵以贱为本，高以下为基"，积众贱而成贵，积众下而成高，合众件而成车。如此，便能常清常静，诸念不生，无欲无为，一尘不染；如此便能一身兼万道，万道尽于一身。于是乎，身修则国治，得于一而万事毕。

昔①之得一②者：天得一以清，地得一以宁，神得一以灵，谷③得一以盈，万物得一以生，侯王得一以为天下贞④。其致之⑤，天无以⑥清，将恐裂；地无以宁，将恐发⑦，神无以灵，将恐歇⑧；谷无以盈，将恐竭⑨；万物无以生，将恐灭；侯王无以贵高⑩，将恐蹶⑪。故贵以贱为本，高以下为基。是以侯王自谓孤、寡、不穀⑫。此非以贱为本耶？非乎？故致数舆无舆⑬。不欲琭琭⑭如玉，珞珞⑮如石。

【注释】①昔：元始、无极。指无极大道所生的太极。②得一：即得道。一，指宇宙人生的起源、万事万物的本体。《说文》："一，惟初太始，道立于一，造分天地，化成万物。"《淮南子》："一也者，万物之本也。"③谷：指水流汇聚的地方，即河谷，川谷。④贞：一本作"正"。⑤其致之：推而言之。⑥以：因为。这里指有所恃，作依赖、倚仗解。⑦发：废，荒废，毁弃。⑧歇：消失、绝灭、停止。⑨竭：干涸、枯竭。⑩贵高：一本作"贞"。⑪蹶：跌倒、失败、挫折。⑫孤、寡、不穀：孤、寡、不穀：古代帝王自称的谦词。⑬数舆无舆：圣君不肯自有高贵之名，犹如工匠造车一般，车未造成之前，其零部件个个都是独立存在着，各自为体，为辐、为轮、为毂、为轴、为衡等，其数众多，各自分立，各有其名，还没有"车"的名称。至车造成以后，各种零件组合在一起，才成为一个车的形体，才能共负运载的功能。河上公注："致，就也。言人就车数之为辐、为轮、为毂、为衡、为轇，无有名为车者，故成为车，以喻侯王不以尊号自名，故能成其贵。"⑭琭琭：形容玉美的样子。⑮珞珞：形容石坚的样子，河上公注："琭琭喻少，落落喻多，玉少故见贵，石多故见贱。言不欲如玉为人所贵，如石为人所贱，当处其中也。"

【译文】自鸿蒙未分到天地初判，无极而生太极，一本散万殊，一道生万有。天得道故能垂象清明，地得道故能安宁稳定，神得道故能变化莫测，妙应无方。川谷得道故能充沛盈满而不枯竭，万物得道故能生息繁衍，运化无穷。侯王得道故能统御万有，以身帅道，使天下贞正安泰。推而言之，天若不能得清一之炁，不能垂象清明，天体就会崩裂，星球将会离轨碰撞；地若不得真一之炁，不具厚载之德，阴阳不和、风雨失调、旱涝不时、地动山摇、土崩海啸，火山爆发，江河泛滥，瘟疫流行，虫害施虐，万物不能生成，万民不得生养；神若不得真一之道，感而不通，应而不灵，不能行聚散阖辟之机，不能行升降屈伸之理，就会虚歇耗散；河谷若不得先天真一之炁，就不能蓄川纳流、涵养水族、繁茂植被，其生命能源必将枯竭；万物若不得真一之炁，动植飞潜，不能实其质，胎卵湿化不能成其形。万物将会灭种绝形；侯王若不能厚德载道、屈己下人，而是高高在上、作威作福，就会使天下倾覆。所以贵以贱为根本，谦卑处下，不自以为尊贵，高以下为基础，虚心容物，不自以为高贵。因此侯王们自称为"孤""寡""不穀"，这不就是以贱为根本吗？不是吗？所以圣明的君主谦卑处下，不自高贵，犹如工匠造车一般，就车数之为辐、为轮、为毂、为衡、为攀，还没有车的名称，车体已成，车名既有才称之为车。美玉不以为贵，贱石不以为贱，忘乎贵贱、得失、是非、人我。这样才可得真一之大道，立天下之大本。

第四十章

【题解】虽然在道经上篇之中，老子已经将大道的理论阐述殆尽，然而自德经之后，依然重申大道的深刻内涵。本章经旨，要在通过动静、正反、有无对立统一的自然辩证法，用极其简练的文字，揭示大道"反者道之动"，"弱者道之用"的辩证关系，明示天下万物，皆是向相反方向变化，而又返复于本的规律。

大道循环往复、周而复始，穷尽不息。它具有反复顺逆之机，生克颠倒之理。本章虽然言简意赅，却蕴意深长。圣人老子慈悲化世，此章经义还重在教化世人逆修大道、摄妄归真、归根复命、返本还原。

反者①道之动，弱者②道之用。天下万物生于有③，有生于无④。

【注释】①反者：周而复始，循环往复。即指朴素的自然辩证法，对立的双方在一定条件下，向相反方向转化，这也就是大道运行的普遍规律。②弱者：柔弱、渺小。③有：这里的"有"与第一章中"有名万物之母的"的"有"相同。但不是有无相生的"有"字。④无：与第一章中的"无名天地之始"的"无"相同。但不同于"有无相生"的"无"。"有生于无"，并非无先于有，而是无中本来就蕴含着"有"，"有""无"统一于"道"。

【译文】大道循环往复、周而复始，穷久不息。对立的双方在一定条件下，向相反方向转化，相反相成，物极必反，这就是大道运行的普遍规律，柔弱、居静就是大道的妙用之处。大道随顺自然、曲成万物，柔弱处下，与世无争，体万物而不遗，施万物而不匮，应化无方，妙用无穷。天下的万物皆是从有形有位的天地而生，而天地又生于无形无相、无声无臭的虚空大道。

第四十一章

【题解】本章重在教导人们认知自然大道，并告诉人们认知大道的态度和方法。圣人老子首先以"上士、中士、下士"闻道的态度明示修为之深浅、根器之大小对认知大道的影响，突出表明了诚信笃行的关键性和重要性。自古以来，万圣千真，皆由信而入。"上士闻道，勤而行之"，正是笃信之义；"下士闻道，大笑之"，正是不信之义。可见信与不信，乃是道与非道之分水岭，是圣与凡的试金石。

此外，圣人老子用十二句话重申了大道的深妙内涵，给识道者指明了方向。本章对大道的重述与前面的第十四、十五、二十、二十五、二十八、三十五章的阐述具有异曲同工之妙。"明道若昧，进道若退，夷道若纇。"与第二十章的"我独若遗…我独昏昏…我独闷闷…"一致；"大白若辱…大方无隅，大器晚成，大音希声，大象无形。"与第二十八章的"大制不割"皆突出"强为之名曰大"的道性本质，"视之不见名曰夷"故"大象无形"，故为"无状之状，无物之象。""听之不闻名曰希"故"大音希声"。

本章要旨，就在于教人明道通道，大道虽深妙，但至简至易，惟信可入，没有诚信心，难闻真道，没有笃行志，难返本原，这就是千古不易之理。

上士闻道，勤而行之；中士闻道，若存若亡；下士闻道，大笑之。不笑不足以为道①。故建言②有之：明道若昧③，进道若退④，夷道若纇⑤。上德若谷⑥，大白若辱⑦，广德若不足⑧，建德若偷⑨，质真若渝⑩，大方无隅⑪，大器晚成⑫，大音希声⑬，大象无形⑭，道隐无名⑮。夫唯道，善贷且成⑯。

【注释】①不笑不足以为道：若是下等根器之人闻听大道而不狂笑大笑，就不会彰显大道的深邃奥妙，也就不足以称之为道了。②建言：立言。建，设立之意，意指如果有道，当如以下几句所说。因下士对大道不足闻，不足有，故于以下设言反复阐述，以再三强调。③明道若昧：大道本体光明灿烂，但外在却看似黯昧。引申为修道之人平平常常，庸庸愚愚，含光内明，外显朴拙。看似不精不明、不巧不智、似愚似痴之貌。④进道若退：大道化生万物，生生不息，奋发进取，却虚静柔弱，随顺处下，与物无争，好像消极退缩一般。引申为修道之人不争高低，不追波逐流，不为物欲所转，不求功名利禄，恭谦处下，看似懦弱无能、胆小怕事。⑤夷道若纇：夷，平坦；纇，崎岖不平、坎坷曲折。此句意指，大道平坦，却又看似崎岖不平。引申为修道之人平平淡淡、处世应俗、言谈举止、行住坐卧与俗人同尘同浊，毫无异样，却又在尘离尘，在境不染，在常道之中修非常道。⑥上德若谷：上德，即无上之德，自然无为的真常之德。这里指大德深厚，体道之人。意为大德深厚、体道行德之士，心如太虚、德如天地、广大无边，无所不容，无所不包。⑦大白若辱：辱，黑垢。意指凡有大德之人，其心纯洁无私，能包容一切污秽浊流，能忍受一切污辱。处浊不染、守辱处下、不择贵贱、不较得失、不争高强，故知白而守黑，虽处高贵之位，却似在污浊之地，自谦处下而不自彰显。第二十八章有言"知其雄，守其雌，为天下谿…知其白，守其黑，为天下式…知其荣，守其辱，为天下谷。"与此文义相通。⑧广德若不足：意指具有大德之人，虽功德无量，心包太虚，量周沙界，但却始终空静如虚，不显露智慧，默藏不露，谦虚自处，似若愚顽者之智慧不足。⑨建德若偷：建，同"健"，强健有力。偷，即偷懒怠惰之意。具有刚健之德的人，所求必遂，所志必达，所谋必成，心性坚定，奋勇精进，毫不动摇。然而其心总觉得德行不足，总认为内心欠缺。⑩质真若渝：质真，即具有真德之人。渝，变污。有德之人，质朴诚实，心性敦厚，随顺自然，朴实无华，看似有如随波逐流，混同污浊之中一样。⑪大方无隅：隅，四方的棱角或边角。大道随方就圆，不落方所，妙应无方，实时即用，随在无碍。亦指具有大德之人，内无方所，外无定规，随时起用，应物机变，圆融无碍，浑然一体。其道无极，其方无限，包裹太虚，涵容天地。⑫大器晚成：大器，即无形之器，喻指无相大道，浩荡弥纶，无不含容。晚成，即无成，指不能窥见大道之全貌，自性之全体。这句话指大道浑浑默默、浩浩茫茫，它包罗天地，生育万有，谁也无法窥见大道的全貌全体。⑬大音希声：大音，即无音之音，口不能言，无法形容。希声，即无声之声，耳不能闻。此即庄子所言"天籁之音"。这句话指大道天籁之音，是谓极其洪大的音声，一致无音无声，非是人耳所能闻听。第十四章有言："听之不闻名曰希。"与此文义相同。⑭大象无形：大象，即无象之象，喻指大道。意为大道无形无象，只可以心神领悟，不可以形迹视见。⑮道隐无名：此句为总结归纳以上十三句之妙意。大道生成天地万物，却潜藏在万象之内，幽隐微妙，无形无迹，无声无息，和光同尘，混世同俗，毫无名相，不被人知。⑯夫唯道，善贷且成：贷，施与、给予。引伸为帮助、辅助之意。成，成就之意。此句意为：道使万物善始善终，而万物自始至终也离不开道。

【译文】上根之人闻听大道，即能信奉至诚，勤修苦练，精心苦行，绝妄节欲，不敢怠惰；中根之人，闻听大道，若明若暗，时信时疑。三天打渔，两天晒网，见理不真，见性不明。下根之人闻听大道，狂笑嘲讽，不屑一顾。倘若不被下根之人狂笑嘲笑，就不能彰显大道的深邃奥妙，也就不足以称其为道了。

设若有道，当如以下几句所说：通达明了大道的人含光内明，外显朴拙。看似平平常常，庸庸愚愚，不精不明、不巧不智、似愚似痴之貌；精勤修道之人不争高低，不追波逐流，不为物欲所转，不求功名利禄，恭谦处下，看似懦弱无能、胆小怕事；得道之人平平淡淡、同尘同浊，毫无异样，却又在尘离尘，在境离染，在常道之中修非常道；体道行德之士，大德深厚、心如太虚、德如天地、广大无边，无所不容；大德之人，纯洁无私，包容污浊，忍受污辱。处浊不染，知白守黑，虽处高贵之位，却似在污浊之地，自谦处下而不自彰显；大德之人，心包太虚，量周沙界，但却始终空静如虚，谦虚自处，如似愚顽者智慧不足；刚健奋进的人，所求必遂，所志必达，所谋必成，心如坚石，毫不动摇。然而却看似德行不足、内心欠缺；质朴诚实、心性敦厚之人，随顺自然，朴实无华，看似犹如随波逐流，没有主见；体道之人，内无方所，外无定规，随时起用，应物机变，圆融无碍；得道之人可知，真性不生不灭，不成不坏，原始要终，亘古不易；大道希言自然，天籁无音，大象无形。大道潜藏在万象之内，幽隐微妙，无形无迹，无声无息，和光同尘，混世同俗，毫无名相，不被人知。然而正是大道化生万物、养育众生，善于孕育一切，善于成就一切。

第四十二章

【题解】本章前半部分是圣人老子阐述宇宙生成论,即自鸿蒙初辟,无极而太极,太极而两仪,三才立而世界成,阴阳合而万物生的演进过程和万物载道以生的原理。

后半部分重申第三十九章自然辩证法的内容,警示帝王公侯以贱为本、以下为基,教导人们掌握辩证法,致和守中,守性不移,并希冀苦心救世,率性修道、教化天下、复明本性、返归道根。

道生一①,一生二②,二生三③,三生万物。万物负阴而抱阳④,冲气以为和⑤。人之所恶⑥,唯孤、寡、不穀,而王公⑦以为⑧称。故物或损之而益,或益之而损。人之所教,我亦教之,强梁⑨者不得其死,吾将以为教父⑩。

【注释】①一:即指宇宙人生的起源、万事万物的本体,绝对独行的大道。《说文》:"一,惟初太始,道立于一,造分天地,化成万物。"《淮南子》:"一也者,万物之本也。"②二:指阴气、阳气。道所生太极之两仪,两仪中含有阴阳二气。阴阳二气所含育的统一体即是"道"。因此,阴阳二气都包含在"一"中。气之动为阳,气之静为阴。③三:指阴阳二气交合冲荡之后所生的中和之气,即三元、三才等。"三"是由道的混沌状态,到万物显象成形的过渡阶段,是一个由简单到复杂的动态变化过程。河上公章句:"阴阳生和、清、浊三气,分为天地人也。"④负阴而抱阳:背阴而向阳。天下人与万物皆是前抱阳而后负阴,向阳而立。承天禀命,荷气而生谓之"负";阴阳二气混和,真气内养,谓之"抱"。⑤冲气以为和:冲,冲突、交融。此句意为万物皆是以阴阳相冲的和气而生长。⑥恶:讨厌,憎恶。⑦王公:泛指显贵的爵位,即王公贵人。⑧以为:以之为。⑨强梁:强横而多力。比喻逞强凶暴之人,不明大道之理,背逆道德,伤天害理,不从圣人之教,依仗强势,任用外力,仗力欺人,行凶作恶。河上公章句:"强梁者,谓不信玄妙,背叛道德,不从经教,尚势任力也。"⑩教父:父,通"甫",开始。意指教化天下人的开始。

【译文】大道自无极而太极,自太极而生两仪,两仪既生,阴阳二气成,自此天地人三才并立而世界成,阴阳合而万物生。天下万物皆是背负阴而朝向阳,以阴阳相冲的和气而化生。

人们所厌恶的都是"孤""寡""不毂"这些不祥的称名,而王公贵人却以此自称者,正是王公贵人效法大道虚空、柔弱、处谦、卑下之德。

所以天下一切事,常以谦下损己而得益,而以自贵益私反招损。古人是这样教人的,我也遵循古训这样去教导别人。那些逞强凶暴之人,背逆道德,伤天害理,仗势欺人,自种恶果,天地不容,不得善终。我就以此作为教化天下人的开始。(教导人们要去强用弱,复明本性,返归道根。)

第四十三章

【题解】本章重申"柔之胜刚，弱之胜强"，"是谓微明"之理。与第三十六、七十六章所阐述的内容一致，都讲述了"微明"之理，都渗透了阴阳互根、物极必反的自然辩证法。

圣人老子以水为喻，重述"贵柔"的理念。"贵柔"的理念贯穿《道德经》全书始终。至柔至顺即为大道之特性。大道至虚至柔，出于无伦，入于无间，弥纶天地，遍满虚空，无处不是至柔之理。"柔弱"在于"无为"。大道无为而自化，任运而自然。

天下之至柔①，驰骋②天下之至坚③，无有④入无间⑤。吾是以知无为之有益。不言之教，无为之益，天下希及之。

【注释】①至柔：极柔，最柔。指水、空气等。②驰骋：形容纵马疾驰的样子。在这里指役使最刚强之物，无所不通。③至坚：指最为坚硬，极其坚实的物体，如金、山石等。④无有：即指无而不无的道。⑤无间：没有空隙。

【译文】天下至柔之物莫如水，天下至坚之物莫如金。最柔弱的水能够自由随意地穿行于金石之间而毫无阻碍。大道无形无物，无色无象，至柔至顺，它出入于万物之间，贯通无阻，无所不入，无所不通。至柔而能育至刚，至无而能包至有。我因此明知天不言而四时行，圣不言而天下化，道不言而万物成。大道至精至微、至极至柔，不言的教导，无为的益处，万物赖之以生，万物依之而成。天下很少有人能够真正做到的。

第四十四章

【题解】本章经旨和第十三章一样，都是阐述"贵身"之理，教导人们自重自爱，明白得失之道。告诫世人名利财色皆是虚梦幻象，切不可殉物而害真，因小而失大，以至于自取其祸辱。有此身，才有此财；无此身，何须此财？

可惜如今天下人贪婪多欲，都把身外之物看重，而却把自身性命看轻了，所以才会本末倒置、贵财轻身，舍本逐末、迷真逐妄，背觉合尘。故而圣人老子苦心教导世人要少私寡欲、知足知止。

名与身孰亲？身与货①孰多②？得与亡③孰病④？是故甚爱必大费⑤，多藏必厚亡⑥。知足不辱⑦，知止不殆⑧，可以长久。

【注释】①货：财物，财宝。②多：厚，重。引申为看重、推重。③得与亡：得：指名利；亡，指丧失性命。④病：疾患沉重。此处指危害。⑤甚爱必大费：甚爱，过分贪爱。大费，大量地耗损。意指过分地贪爱女色一定会极大地损耗精气，贪婪地聚敛财货必然会招致更多的祸患危害。过度地追求美名必定会带来自身德行的损失。⑥多藏必厚亡：多藏，过多地收藏、蓄藏。厚，重，多。亡，丢失，丧失。意指过多地贮藏财物就必定会招致惨重的损失。⑦知足不辱：知足，即指乐天知命，顺受其正，不爱不贪，无欲无为。句意为常知足之人，少私寡欲，心地宽广，与人无争，心安理得，不仅不会使身心受辱，反而身心受益。⑧知止不殆：知止，即指行当行可行之事，止于妄行邪行违道之事，做成有道有德之人。殆：危险。凡事知足而止，心不贪婪，做到不使财利累及心身，不被声色乱耳目，就不会有危险。

【译文】名声和姓名哪一个更亲近呢？性命与财物哪一个更重要呢？得到名利而丢掉性命，与失去名利而保住性命相比，哪一个更有害呢？所以说过分地贪爱女色一定会极大地损耗精气，贪婪地聚敛财货必然会招致更多的祸患危害。过度地追求名誉必定会带来自身德行的损失。过多地贮藏财物，必然会遭受惨重的损失。常能乐天知命，不爱不贪，少私寡欲，与人无争，心安理得，不仅不会使身心受辱，反而会身心受益。常能行可行之事，禁违道之事，适可而止，心不贪婪，做到不使财利累及心身，不被声色乱耳目，就不会有危险。这样才能保持长久平安。

第四十五章

【题解】本章乃第四十一章的延续，论述万事万物相反而相成之理，重述"反者道之动"之大义，重在从人格的形态来体现大道，教导世人认识道以清静为体，以中正为用。

大成若缺，其用不弊①；大盈若冲，其用不穷②。大直若屈③。大巧若拙④，大辩若讷⑤。躁胜寒⑥，静胜热⑦。清静为天下正⑧。

【注释】①大成若缺，其用不弊：大成，完备。缺：器具破损。引申为缺漏而不完整。用：功用，功能。弊：衰落，疲惫，破败。句意为大道生育万物而不遗，成就万物而不弃，全都完备充实，却又无声无臭，无形无状，随物而显，随物而成，与物同体同性，负载在万物的实体中，不显不露。然而它动静无端，往来不息，可长可久，可有可无，用之不竭，常用常新。以体道的大圣人而言，就是功成身退，谦卑处下，匿身藏誉，声色不露，默默地造福众生。②大盈若冲，其用不穷：盈，满。冲，空虚。穷，穷尽，完结。句意为大道本体，无欠无缺，圆满具足，弥伦天地，大无不包，细无不入，无所不有，无处不到，无所不贯。然而大道之体却虚灵无象，无声无臭，无形无状。它的功用无穷，神妙无方，不落方所，不泥迹象，驰骋而无间，妙用而无穷。③大直若屈：屈，弯曲。意指大道生成万物，无私无欲，上下一理，本末一道，大中至正，却又柔弱处下，能屈能折，容而能受，顺而不争。④大巧若拙：拙，鲁钝、笨拙之意。句意为大道至精至巧，造物无声，巧妙无迹，成就千品万类、千姿百态的万物万象，然而大道却淳厚质朴，不显不露，纯是天然，无作无为，毫无技巧，又象是笨拙无能，愚钝不化。⑤大辩若讷：辩，能言善辩。讷，拙嘴笨舌。句意为大道不言而四时行，不辩而万物生，不施于言辞，不喧于口谈，看似拙嘴拙舌，其实大辩不言。⑥躁胜寒：指急行趋进，疾步奔走，就会生热身暖，汗流浃背而克胜于寒冷。⑦静胜热：指心安气定，气定神闲，心神安适自然感觉不到热气涌动，燥热难安。⑧清静为天下正：清静，不偏不倚，无过无不及，与天地同心，万物同体，不落两边，自然而然，无为无欲，不求正而自正。它是大道之本体，天下之正中。

【译文】大道生育万物而不遗，成就万物而不弃，全都完备充实，却又无声无臭，无形无状，负载在万物的实体中，不显不露。然而它动静无端，往来不息，用之不竭，常用常新。大道圆满具足，弥伦天地，大无不包，细无不入，无所不有，无处不到，无所不贯。却又虚灵无象，无声无臭，无形无状。然而它的功用无穷，神妙无方，不落方所，不泥迹象，驰骋而无间，妙用而无穷。大道上下一理，本末一道，大中至正，却又柔弱处下，能屈能伸，容而能受，顺而不争。大道至精至巧，造物无声，巧妙无迹，成就千品万类、千姿百态的万物万象，然而却淳厚质朴，无作无为，毫无技巧，又似笨拙无能，愚顽不化。大道不言而四时行，不辩而万物生，不施于言辞，不喧于口辩，看似拙嘴拙舌，其实大辩不言。疾步奔走就会生热身暖而胜于寒冷。心定神安就感觉不到热气涌动，燥热难耐。清静无为，不偏不倚，与天地同心，万物同体，自然而然，无为无欲，不勉而中，不思而得，从容中道，是大道之本体，天下之大中。

第四十六章

【题解】圣人老子在本章中指出了天下战乱，社会动荡的根本原因，即统治者贪欲无足、争强好胜。人心之私欲，是罪恶之源。一念之贪欲起，遂成无边之浩劫。圣人老子苦心孤诣，教人要止欲生悔，防微杜渐，力戒心外求物，寡欲知足，清静心身，涵养心性，戒除私念，方可不生忧患。在春秋时代，诸侯争霸，战乱频仍，民不聊生。老子劝诫统治者寡欲知足，返归大道，以臻于郅治。

老子在此提出了反战思想，具有深刻的内涵，春秋无义战其罪魁祸首便是人的贪欲。上天以好生之德，养育天下苍生，而战争动乱，导致凶灾不断，生灵涂炭，祸国殃民。这种违道背德的行径，使和谐安泰的自然生命陷入浩劫，必然会招致深重的灾难。

天下有道①，却走马以粪②。天下无道③，戎马生于郊④。祸莫大于不知足，咎⑤莫大于欲得。故知足之足，常足矣⑥。

【注释】①有道：指政治清明，无为而治。②却走马以粪：却：屏去，退回。走马，驱驰奔腾之马，即战马。粪：施肥，指培植庄稼。此句意为君王有道，天下太平，无内忧外患，百姓安居乐业，因而使用奔腾的战马来耕田种地，积粪肥田。③无道：指暴虐施政，昏庸无德，社会动荡。④戎马生于郊：戎马：军马，战马。生于郊：指牝马生驹于战地的郊外。此句意为天下动乱，盗贼滋生，兵戈四起，百姓流离失所，牝马在战地的郊外生下小马驹。⑤咎：过失，罪过。⑥故知足之足，常足矣：意为知道满足的这种满足，是永远满足的。

【译文】国家治理有道，百姓安居乐业，奔腾的战马都用来耕田种地，积粪肥田了。国家动乱，战事频仍，百姓流离失所，牝马就只能在战地的郊外生下小马驹。祸患没有比不知足更大的，灾难没有比贪得无厌更惨的。所以，只有知道满足的这种满足，才是永远满足的。

第四十七章

【题解】本章经旨主要论述大道的认识论。圣人老子阐释，大道不离于一身，人身一小宇宙，宇宙一大人身。天人一贯，物我同源，万物一体。穷理则尽性，尽性则知天。万物皆有备于我，人与万物同其母，与天地万物同其心，息息相通，相感而应。天下万物皆备于人身，大道之理皆寓于人心。所以，天下虽大，不离我之一身；天道虽幽微，不离我之一心。

关键在于，一个人应当通过自我修养的功夫，返观内照，除去心灵的障蔽，清掉物欲的染污，虚极静笃，归根复命，返本还原。如此，才能心如明镜，圆融无碍，常应常照，如此，才能无所不知，无所不通，清静无为，妙用无穷。

道以无为为宗，以慎独为用，无为而无不为，无知而无不知。

不出户，知天下；不窥牖^①，见天道^②。其出弥^③远，其知弥少。是以圣人不行而知，不见而名^④，不为^⑤而成。

【注释】①窥牖：窥，从小孔隙里看；牖，音yǒu，窗户。②天道：即日月星辰运行的自然规律。③弥：更加，越发。④名：通"明"，通达明了。
⑤不为：无为。

【译文】大圣人，不出家门而见天下事，不望窗外而知万事理。
世人终日出外索求俗中，即使远行万里，也只不过是妄知愈多，真
知愈少，其心愈迷。因此圣人不必远行就能知道天地万物运行的
规律，不必眼见就能说出宇宙人生的真相，不必作为就能成就其事
功。

第四十八章

【题解】本章经旨，讲"为学"和"为道"的问题。"为学"与"为道"有所不同，为道重在"损"之一字。为道不重耳目之用，不贵识见之多，以益为损，以损为益。用心与俗人不同，修持与为学不一，而是存心养性，返观内照，使人心渐灭，道心日增，归于一无所有，以至于无为。无为而无不为，无有而无不有，方可与大道合一，与天地同德。

圣人老子阐释"为学""为道"之理，惟恐后人溺于人欲之私而损道败德。同时，也劝告统治者，若不能清净虚心而无欲无为，就不足以取天下。

为学日益①，为道日损②。损之又损，以至③于无为。无为而无不为。取天下常以无事④，及其有事⑤，不足以取天下。

【注释】①为学日益：为学，指背诵词章，学习政教礼乐、百工技艺等做人做事的后天知识。日益，即随着年龄之增长，人的智识与日俱增，情欲文饰也日益丰多。句意为从事于学习效仿做人做事的后天知识学问，就会一天天增益其智而补益其能。②为道日损：损：减损、去除，这里指去除心中的私心杂念、物欲人欲。为道，是通过返观内照的途径，领悟事物未分化之时，混沌状态的"道"。此处的"道"，指自然之道，无为之道。句意为存心养性，修心学道，就要去妄心，除私欲，日日减损不合大道的习性、毛病，直至纯然浑厚，返本还原。③以至：达到。④无事：指无私无欲，无为无作。⑤有事：指繁苛政举在骚扰民生。

【译文】从事于后天做人做事的知识学问，就会日日增益其智而补益其能。存心养性，修心学道，通过返观内照，内心的物欲、人欲，身上的禀性、习性，就会日日减损，减损而又减损，人欲自净，天理自真，直至无私无欲、清静无为。如果能够做到顺乎自然，无欲无为，德无为自化，人无欲自归，天下无事自正。要想治理好天下，就要清净虚心、无欲无为。如果有意施政，政令繁苛，妄行多欲，劳民扰民，就不能治理天下了。

第四十九章

【题解】本章经旨与第二十七章的经义一致，都在阐述体道圣人，以身帅道。他清静无为，神妙无方，所行所言，所施所为，无为不通，随在皆当；他立己立人，人无遗类，成己成物，物无弃材。

圣人因为应事无心，浑然朴拙，不加人为，故而所向披靡，物我俱化，天下人最终都潜移默化地回归到浑然朴拙、纯洁天真、无知无欲的婴儿般状态。

圣人无常心①。以百姓心为心。善者②，吾善③之；不善者，吾亦善之，德④善。信者⑤，吾信⑥之；不信者，吾亦信之，德信。圣人在天下歙歙⑦，为天下浑其心⑧。百姓皆注其耳目⑨，圣人皆孩之⑩。

【注释】①无常心：即指应事接物，随机应变，随方就圆，随缘顺物，不落方所，法无定规。②善者：善良的人。③善：善待的意思。④德：假借为"得"。⑤信者：讲信用的人。⑥信：以诚信相待。⑦歙：意为吸气。这里指圣人无善无恶、无私无欲、浑然冥合的样子。⑧浑其心：即使天下人都复归于浑然朴拙的心态。⑨百姓皆注其耳目：百姓都使用自己的聪明才智，生出许多事端。⑩圣人皆孩之：指圣人待民之心如慈母，无论其善恶，皆遇之以慈，待之以厚，使百姓都回复到婴孩般纯真质朴的状态。

【译文】圣人没有固定的心念，没有执着的想法，他应事接物，随方就圆，不落方所，随机应变，法无定规，无为不通，随在皆当。他以百姓的心为自己的心。对于善良的人，我善待于他；对于不善良的人，我也善待他，这样善良的人就会更加勉励行善，不善良的人就会改恶从善，心归于正。从而使人人向善，同归善域。对于守信的人，我信任他；对不守信的人，我也信任他，这样守信的人就会更加勉励守信，不守信的人就会闲邪存诚，去妄存真。从而使人人守信，同归信域。体道的圣人无善无恶、无私无欲、浑然冥合、浑浑朴朴。百姓们都专注于自己的耳目聪明，圣人待民如待儿女，无论其善恶，都施以慈母之心，使百姓都回复到婴孩般纯真质朴的状态。

第五十章

【题解】老子在本章中主要阐述了生死之道,并叙述了人物生死常然之理。圣人老子告诫世人,只因为贪欲过重,重欲轻身,舍本逐末,执迷逐妄,故而极耗精神,损身败德,忽生就死。他指明"出生入死"之关要,使人知诫而自悟,又暗示给世人,只有寡欲知足、存心养性,方可养生摄命,长生久视。

出生入死①。生之徒②十有三③;死之徒④十有三;人之生⑤,动之死地,亦十有三。夫何故?以其生生之厚⑥。盖闻善摄生者⑦,陆行不遇兕⑧虎,入军不被甲兵⑨,兕无所投其角,虎无所措其爪,兵无所容其刃。夫何故?以其无死地⑩。

【注释】①出生入死:即指天下万物,出则为生,入则为死。②生之徒:徒,类。意指取生之道的人。③十有三:指人的七情六欲,或九窍四关而言。七情六欲指喜怒哀惧爱恶恨"七情"和眼耳鼻舌身意"六欲"。九窍即指即两目、两耳、两鼻、口、前阴、后阴四光即指和四肢之关窍穴。河上公章句:"言生死之类,各十有三,谓之九窍而四关也。其生也,目不妄视,耳不妄听。鼻不妄嗅，口不妄言，手不妄持，足不妄行，精不妄施。其死也，反是。"④死之徒：属于取死之道的一类。⑤人之生，动之于死地：此句意为求生的欲望太重，贪生过强，反而违背中道，速丧其生。⑥生生之厚：由于求生的欲望太强，奉养身命太过于厚重。⑦摄生者：指善为养生之人。⑧兕：音sì，即古代一种似犀牛类的猛兽。⑨入军不被甲兵：指入于军阵之中，出入无妨，往来无害，即使有千军万马，乃至刀戈兵器，也不会被其所害。⑩无死地：即指没有七情六欲的贪求和欲念，不入取死之道，不被外物所害。

【译文】天下万物，皆是出于世而生，入于地而死。取生之道有十三类，那就是去欲除情，守真断妄，目不妄视，耳不妄听，鼻不妄嗅，口不妄言，手不妄持，足不妄行，精不妄施。不被七情六欲所扰，不受物欲情欲所害。性明心静，清静无为；取死之道有十三类，那就是目视恶色，耳闻淫声，鼻嗅奇味，口出敖言，手动非礼，足行非道，精施乱为。贪求纵欲、迷情逐妄、喜怒无常、爱恨萦心，七情浸染，六欲熏蒸。人本来可以长生久视，却因为七情六欲这十三类取死之道的损害，妄动情欲、任意胡为，戕害身命，忘却本来，所以命短早亡。为什么会如此呢？皆是因为奉养太厚，求生过重，贪欲甚强所至。

据说，善为养生之人，心如婴儿之赤真，无一毫后天情欲，虽行于陆野丛林之地，凶恶的犀牛和猛虎也不会伤害他的性命。入于军阵之中，出入无妨，往来无害，即使有千军万马，也不会被其所害。凶恶的犀牛虽有角，也不能相触；猛虎虽有爪，也无从施展；兵器虽有利刃，也不能近其身。为什么会这样呢？因为他不入取死之道，不被外物所害。

第五十一章

【题解】本章经旨，重在强调"道尊德贵"。这一章是第十章和第三十八章的继续，都是在着重论述"道"的无为，"德"的妙用。"道"为大道、至道，"德"为上德、玄德。大道生长万物，上德养育万物。"道"不尊而尊，"德"不贵而贵。天下万物，无不生于道，无不成于德，故"道"为至尊，"德"为至贵。

道生之，德畜之，物形之①，势成之②。是以万物莫不尊道而贵德③。道之尊，德之贵，夫莫之命而常自然④。故道生之，德畜之，长之育之，亭之毒之⑤，养之覆之⑥。生而不有，为而不恃，长而不宰，是谓玄德。

【注释】①物形之：形，名词意动用法，使……成形。句意为道使万物各成其形，各自依其物性而形成应有的形态。②势成之：势，指理势，即一炁运化的自然场势，生成万物的时机。句意为天地万物皆顺应天地运行之序，阴阳变化之势，春生夏长、秋收冬藏，由生而长，由幼而壮，由壮而老，由发展而至终亡。如此循环往复，永不停息。③尊道而贵德：指尊崇自然无为之道,推重尊贵至上之德。④夫莫之命而常自然:命,命令,施令。句意指道德并不自以为尊贵,万物也并不有意去尊贵;道德生育长养万物,并不发号施令,干预指导,万物也只是各顺其性、自然而然,皆是以自性的本能,去依附于道,亲近于德。⑤亭之毒之:一本作成之熟之。亭,即安定、停留之意。这里指万物各顺其性、各成其形、各具其质。毒,同"笃",厚实,充实。句意指大道于秋季之时,使万物结果收获,各得其成果。⑥养之覆之:养,收取,护养。覆,收藏,保护。句意为大道于冬季之时,使万物都得以收聚保养。

【译文】道生成万事万物,德养育万事万物。道使万事万物各自依其物性而形成应有的形态,德使万事万物皆顺应天地运行之序,阴阳变化之势,春生夏长、秋收冬藏,循环往复,永不停息。故此,万事万物莫不尊崇道而珍贵德。道之所以被尊崇,德所以被珍贵,就是由于道生长万物而不发号施令,不干预指导,德畜养万物而不主宰干涉、不居功图报,万物各顺其性、自然而然,皆以自性的本能,依附于道,亲近于德。

因而,道生长万物,德养育万物,使万物生长发展,成熟结果,使其受到收聚保养。滋生万物而不据为己有,抚育万物而不恃功图报,育成万物而不去主宰它们,这就是奥妙玄远的德。

第五十二章

【题解】本章重在强调"守母"二字，其要义在于教人"知子守母"。圣人老子见世人迷宗失本，重子弃母，逐浪随波，不求大道本根，自取终身殃咎。故以道明示天下，警告世人不可徇物而忘本，不可舍本而逐末。当除情去欲，返观内照，归根复命，返本还原。

天下有始①，以为天下母②。既知其母，以知其子③。既知其子，复守其母，没身不殆。塞其兑，闭其门④，终身不勤⑤。开其兑，济其事⑥，终身不救。见小曰明，守柔曰强⑦。用其光，复归其明⑧，无遗身殃⑨；是为习常⑩。

【注释】①始：本始，此处指"道"。②母：根源，此处指"道"。③子：指大道生成的天地万物。④塞其兑，闭其门：塞，即关闭、堵住之意。这里指沉默自守，不尚言谈。兑，指孔穴，孔窍；闭，即神不外游，心不外用。门，指门径。此句意为：塞住嗜欲的孔穴，闭上欲念的门径。⑤勤：劳作。⑥开其兑，济其事：开，打开，启开。济，引申为完成。此句意为：打开嗜欲的孔穴，增加纷杂的事件。⑦见小曰明，守柔曰强：小，细微。强，强健，自强不息。此句意为：能洞见精微幽隐之事，就叫做圣明；能持守柔弱处下之道，就叫做强大。⑧用其光，复归其明：发光体本身为"明"，照向外物为"光"。"明"为体，应之内为内照；"光"为用，应之外为外用。光向外用照射，明向内照透亮。⑨无遗身殃：意为不给自己带来麻烦和灾祸。⑩习常：修习常道。

【译文】大道生一，一生二为阴阳，二生三为天地人三才，而后演化天地万物，大道即为天地万物的根本。如果认知了天地万物的这个大根大本，就能真正地认知和掌握天地万物。如果已经认知了天地万物，就要循守大道而清静无为，柔弱空虚，如如不动。如此，就能终身不会危殆。塞住嗜欲的孔穴，闭上欲念的门径。如此，则一生都不会勤苦劳顿。打开嗜欲的孔穴，增加纷杂的事件。恣情纵欲，如此，则一生都不会脱离勤苦而止于危殆。

能洞见精微幽隐之事，就叫做圣明；能持守柔弱处下之道，就叫做强大。如果能够把应事接物的功用外求用来返观内照，除情去欲、绝虑忘缘，如此内于己身就会清净圆明，通体透亮。外于功用就能不偏不倚，随处皆当，不会给自己带来任何麻烦和灾祸。能够如此去做，就是修习自然真常之道。

第五十三章

【题解】老子在本章中表达了对统治者不能体认大道，以身帅道，以道治国的惋惜，也控诉了对统治者背道离德，妄行施为，致使天下陷入深重灾难的一种痛惜。在本章之中，老子不止一次地规劝统治者循守大道，少私寡欲、清净无为。如三章、十九章、五十七章、七十五章等都揭露了春秋战国时期尖锐的社会矛盾。

本章同样描述了春秋战国时期社会的黑暗和统治者给人们带来的深重灾难，尤其是统治者滥用权力，妄行施为，对百姓姿意横行，搜刮榨取，终日荒淫奢侈，过着腐朽靡烂的生活，而天下却民不聊生、饥荒遍地。

大道极简极易，至平至庸，无天人之别，无物我之分，本不难行，只因不能体悟无为之妙，所以身中有道不识道，身边有道不行道，所以离道日远，背道日弛。人若不行大道而走小径，便是颠倒了人生旅途，错乱了来到世间的初衷，也就枉费了天地大道的片片苦心！

使我介然有知①，行于大道，唯施是畏②。大道甚夷③，而民好径④。朝甚除⑤,田甚芜,仓甚虚;服文彩⑥,带利剑,厌饮食,财货有余。是谓盗夸⑦,非道也哉!

【注释】①使我介然有知:我,指有道的圣人。老子在这里托言自己。介,大。此即忽然之意。微有所知,稍有知识。此句意:如果我忽然有点认知。②唯施是畏:施,邪、斜行。意指唯一惧怕的是有所施为,误入邪途。③夷:平坦。④径:邪径。⑤朝甚除:朝,指朝廷。除,宫殿德的台阶。此处指朝廷大兴土木,宫殿林立,巍然峻极,台榭高筑,奢侈豪华,比喻朝政腐败。句意指朝政腐败至极。⑥服文彩:服,衣服,服装。用作动词,意为穿着衣服。文采,艳丽而错杂的色彩。句意:侯王百官都穿着华丽锦绣的衣服。比喻朝廷奢侈浮华。⑦盗夸:夸,指夸耀炫露自己的财富名贵。盗夸即大盗、盗魁,盗窃别人的名利,夸为己之富有。

【译文】如果我忽然有点认知,在大道上行走,唯一惧怕的就是有所施为,误入邪途。大道坦然平直,畅通无阻,而世人放着大路不走,却喜欢走斜径。朝廷已经腐败至极,弄得农田荒芜,仓库空虚。而君王还依然穿着华丽锦绣的衣服,佩带着锋利的宝剑,饱食美味佳肴,搜刮占有的钱财宝物堆积如山。这些只不过是盗世夸名,自私自利,奢侈炫耀而已,是强盗的头子,是不合大道的啊!

第五十四章

【题解】老子在本章之中重在阐述"道"的功用，即"德"的巨大作用。此章为四十七章和五十二章的重要补充。在本章中，老子讲了修身的原则、方法和作用。修身的原则即观心得道，善观者，通过日常观心、观身、观家、观乡、观国、观天下万物，皆为一道所生，一德所化。心身与万物同体，德与天下同化，则我与天下同一。正所谓人我一体，物我无分，道不离身，身不离道，一身载道，道统万有。修身于斯，治国于斯，体道于斯，一身兼万道，万道尽于一身。于是乎，身修则国治，神安则天下安，通于一则万事毕。

这就是儒家的内圣外王之事，格致诚正、修齐治平之纲目。观心得道即自明己身之明德，明德既明，扩而充之，亲民新民、修齐治平之能事毕矣。如此便臻于至善，天地俱化，万物同体，形神俱妙，与道合一。

善建者不拔①，善抱着不脱②。子孙以祭祀不辍③。修之于身，其德乃真④。修之于家，其德乃余。修之于乡，其德乃长；修之于国，其德乃丰。修之于天下，其德乃普⑤。故以身观身⑥，以家观家，以乡观乡，以国观国，以天下观天下。吾何以知天下然哉? 以此。

【注释】①善建者不拔: 建, 立。拔, 拔起, 拔出。此处指去掉, 动摇之意。句意指: 善于守道建德, 以道立身、立国者, 他的建树不会轻易被摇动。②善抱着不脱: 抱, 即抱一, 持守大道。脱, 脱失, 拔脱, 此处指心神外驰、精气耗散。句意指: 善于抱元守一, 持守大道的人, 必然不会有所脱失。③子孙以祭祀不辍: 辍, 停止、断绝、终止。此句意为: 祖祖孙孙都能够遵守"善建""善抱"的道理, 所以祖庙不被废弃, 祭祀不会绝止。④修之于身, 其德乃真: 即以道德修治自身、除情去欲、绝虑忘缘, 抱朴守拙、涵养身心, 如此所立之德便能真实不虚, 功用无尽, 泽被无穷。⑤修之于天下, 其德乃普: 意指明德既明, 至德大化, 广施普泽, 弥伦天地, 恩育万物。⑥以身观身: 即以自身察看观照别人之身, 人我一体, 物我无分。众人之身同于己身, 己身即天下众人之身。

【译文】善于守道建德, 以道立身、立国者, 他的建树就会坚不可摧。善于抱元守一, 以道修身者, 就会心不外驰, 气不外散, 神融气合, 道不离身, 一生受用无穷。如果子子孙孙都能够遵守"善建""善抱"的道理, 那么祖庙世代都不被废弃, 祭祀世代都不会断绝。以道治身, 除情去欲、绝虑忘缘、抱朴守拙、涵养身心, 如此体道行德便能真实不虚, 金刚不坏, 泽被无尽, 妙用无穷。以道齐家, 他的德性就会佑及子孙后代; 以道兴乡, 他的德性就会使民俗淳厚, 德风长久; 以道治国, 他的德性就能使德运隆盛, 国泰民安; 以道行于天下, 他的德性就能使圣贤的德教普化万民, 而同归善域。

　　以自身观众人之身，众人之身同于己身，己身即天下众人之身，人我一体，物我无分。如此则己身修而天下众人之身皆修。以自家观众人之家，众家之亲，即自家之亲，教于自家，即教于众家，一家教，而家家皆教，一家齐而家家皆齐。圣人以自乡观众人之乡，众人之乡，即我家之乡，一乡风俗淳朴，乡乡民风淳美，一乡亲睦和善，乡乡亲睦和善。以我国观邻国，道同天下，国无二别，德泽恩化，一视同仁。德化万国，国亦无国，同其道德，天下归于一国。以天下观天下，大道生育万有，天下唯在一心，如此明德既明，止于至善，至德大化，广施普泽，弥伦天地，恩化万物。

　　吾何以知一德立，天下之万善并立；一德成，天下之万理俱成。正是以此德此观，观身、观家、观国、观天下，处处皆同，在在不二。大同至善，无往而不善；至德之理，无往而不一。

第五十五章

【题解】本章前半部分引"赤子"为喻来阐述大德浑厚之人的高妙境界，后半部分则告诫世人只有致虚处柔、居静守常方可如赤子般一团元气、浑然在抱、浑浑沦沦、无知无欲。如此方能含宏光大，厚德无疆，归根复命，返于大道。而心神外驰，纵欲使气，迷情逐妄、任意妄为、背离常道，终遭祸殃而自戕身命。

含德之厚，比于赤子①。蜂虿虺蛇不螫②，猛兽不据③，攫鸟不搏④。骨弱筋柔而握固⑤。未知牝牡之合而全作⑥，精之至⑦也。终日号而不嗄⑧，和之至也。知和曰常⑨，知常曰明⑩，益生曰祥⑪，心使气曰强⑫。物壮则老，谓之不道，不道早已。

【注释】①含德之厚，比于赤子：赤子，即新生之婴儿。句意：含藏道德深厚的人，含宏光大，厚德无疆，有如初生的婴儿一般，一团元气、浑然在抱、浑浑沦沦、无欲无知。②蜂虿虺蛇不螫：虿，蝎子一类的毒虫。虺，古书上说的一种毒蛇。螫，即"蜇"，指蜂、蝎一类的毒虫用毒牙毒刺等行毒伤人。③猛兽不据:据,指狼豺虎豹等兽类用爪、足等攫取物品。④攫鸟不搏:搏,鹰隼用爪击物。攫鸟,即"鸷鸟"指鹰隼一类用脚爪抓取食物的鸟禽。⑤骨弱筋柔而握固:意指婴儿虽然身体柔软,筋骨柔弱,手握成拳则攥紧不松,手持于物则会牢固不失。⑥未知牝牡之合而全作:全作,一说作"朘作",朘,即男婴的生殖器。朘作,指男婴生殖器勃起。牝牡之合,即指男女交合。⑦精之至:指精气充沛到了极点。⑧号而不嗄:嗄,噪音嘶哑。句意指:婴儿无心无念,虽终日号叫啼哭而不伤元气。⑨知和曰常:和,指阴阳二气合和的状态。常,指事物运作的规律。句意指:懂得使神气内敛,心气专一,神凝气和,就能顺应自然真常之道,健行不息、直而无害。⑩知常曰明:明,指心性空明圆融、虚灵不碍,无所不通,无所不知。句意指:懂得自然真常之道,就能洞达阴阳,同乎造化,无所不通,无所不知。⑪益生曰祥:益生,纵欲贪生。祥,这里指妖祥、不祥之意。句意指:想法设防以一切的手段来增益生命,反而自招祸殃,自害身命。⑫心使气曰强:强,逞强、强暴。句意指:心性欲念,妄施精气,任意胡为,耍横逞强,就会变得刚强、壮盛。

【译文】道德深厚的人,含宏光大,厚德无疆,有如初生的婴儿一般,一团元气、浑然在抱、浑浑沦沦、无欲无知。毒虫不会蜇刺他,狼豺虎豹不会伤害他,鹰隼老雕不会搏击他。他虽然身体柔软,筋骨柔弱,但拳头却握得很牢固。他虽然没有男女交合之欲,但他的小生殖器却常常自动勃起,这是因为精气充沛到了极点的缘故。

婴儿虽终日号叫啼哭而不伤元气,噪音不沙哑,这是因为婴儿一团元气,浑然纯厚,无心无念的缘故。懂得使神气内敛,心气专一,神凝气和,就能顺应自然真常之道,而健行不息、直而无害。懂得自然真常之道,就能洞达阴阳,同乎造化,无所不通,无所不知。

贪生纵欲就会自招祸殃，妄施精气就会狂暴逞强。物极必反，事物壮大了，必然都会走向衰败，这就不是中庸之道，不遵循中庸之道很快就会灭亡。

第五十六章

【题解】本章经义主要讲修道之人返归大道的方法、原理和得道之人超脱物外而又和光同尘，穷神知化而又与物周流的妙处。

有道之人行不言之道，无分别，忘名相，贵贱亲疏，非我所有；荣辱得失，非我所属。他浑同于天地之间，而天地不知；他妙用于万物之中，而万物不觉。有道之人混世同俗，体万物而不遗，化万物而不有。

知者不言，言者不知①。塞其兑，闭其门②，挫其锐，解其分，和其光，同其尘③，是谓玄同④。故不可得而亲，不可得而疏，不可得而利，不可得而害，不可得而贵，不可得而贱⑤，故为天下贵⑥。

【注释】①知者不言，言者不知：此句是说，明了大道的人，灵通妙悟，心与道合，难于言表，妙而不言，而多嘴多舌者，不明大道，不悟本性，言语道断，夸夸其谈，离道愈远。②塞其兑，闭其门：指塞住嗜欲的孔穴，闭上欲念的门径。③挫其锐，解其分，和其光，同其尘：此句意为消磨它的锐气无为而不争，消除它的纷扰清净而柔弱，调和它的光辉幽隐而不明，混同于尘垢卑微而处下。④玄同：玄妙齐同，即"道"。⑤不可得而亲，不可得而疏，不可得而利，不可得而害，不可得而贵，不可得而贱：这几句是说"玄同"的境界已经超出了亲疏、利害、贵贱等世俗的范畴。有道之人，不以得到什么而心生欢喜，而亲其所得；也不因未得到什么而心起怨尤，而疏远于人。不计较个人得失，无有亲疏之别，得与不得，都是一心。不可因得利而动心，也不可因未得利而以为是害，不与人争利，不与人强争气。不可因得贵而自以为贵，亦不可因不得贵而失志丧德，视贵贱为一，守贱以为德。⑥天下贵：这句话是总结亲疏、利害、贵贱之义，而言得道之人心不知贵、心不求贵、贵不可见、贵不可知，与天地同体，与造化同游，所以是天下人最为尊贵的大道厚德之人。

【译文】明了大道的人，灵通妙悟，心与道合，难于言表，妙而不言，而多嘴多舌者，不明大道，不悟本性，言语道断，夸夸其谈，离道愈远。塞住嗜欲的孔穴，闭上欲念的门径。消磨掉锐气无为而不争，消除了纷扰清净而柔弱，调和着光辉幽隐而不明，混同于尘垢卑微而处下。这就是玄妙齐同的大道。

所以，得道之人，不以得到什么而心生欢喜，而亲其所得，也不会因为未得到什么而心起怨尤，而疏远于人。不计较个人得失，无有亲疏之别，得与不得，都是一心；得道之人，不会因为得到利益而动心，也不会因为得到利益而以为是害，不与人争利，不与人争气；得道之人，不会因为得到尊贵而自以为贵，也不会因为得不到尊贵而失志丧德，他视贵贱为一，守贱以为德。得道之人心不知贵、心不求贵、贵不可见、贵不可知，与天地同体，与造化同游，所以是天下人最为尊贵的大道厚德之人。

第五十七章

【题解】老子在本章中重在强调和重申"无为而治"的思想。他复述了对统治者少私寡欲、清净无为、循守大道的谆谆规劝。

自春秋战国之时起，世人离道日远，背道日驰。圣人老子悲悯世人远离道德之苦，恐后人痛失道德，荒废本来，故留下五千言，以拯救子孙后代之本性。春秋之时距三皇治世已漫灭久远，统治者欲心日增，世事日变，道德日薄，人心愈乱。天下世人背离大道已经很久远了，人心不古，教化难行也已经很长远了。凡有心作为者，以有为之治，致使道德废而私巧出，法制成而盗贼猖。从而善恶周流，穷久不止，治乱交替，轮回不息。圣人老子主张以"无欲""无事""无为"来治天下，使百姓各遂其性，各顺其长，积善立德，复归大道。

以正治国①，以奇用兵②，以无事取天下③。吾何以知其然哉？以此：天下多忌讳，而民弥贫④；民多利器，国家滋昏⑤；人多伎巧，奇物滋起⑥；法令滋彰，盗贼多有⑦。故圣人云："我无为，而民自化⑧；我好静，而民自正⑨；我无事，而民自富⑩；我无欲，而民自朴⑪。"

【注释】①以正治国：正，端正，正直，不偏不倚，持守正道。指统治者端方正直，体道行德，正己化人，故而人心自公，民风自纯，无为而治。②以奇用兵：奇：奇邪、诡异。指用权变奇异之术领兵作战。③以无事取天下：取天下，治理天下。指当以无欲无为，任道任德，以道治化于天下，以大德感于天下。④天下多忌讳，而民弥贫：忌讳：又指禁忌，即法律政令所不允许之事。意指为政者劳役赋税等法令繁多，违背民心，妨害民利，导致百姓愈来愈贫穷。河上公章句曰："天下谓人主也。忌讳者防禁也。令繁则奸生，禁多则下诈，相殆故贫。"⑤民多利器，国家滋昏：利器：锋利的武器，此处指权柄、权力。意指让从政者掌握的权力越多，就越容易滋生出许多腐败之人，贪权谋私、害国害民，政令不通，上下互欺，国家就会越混乱。河上公章句曰："利器者权也。民多权则视者眩其目，听者惑于耳，上下不亲，故国家混乱。"⑥人多伎巧，奇物滋起：人：一本作"民"，一本作"朝"。本书依前者作解。伎巧：指技能、智巧。奇物，华而不实之物，非常之物，奇邪之物。起：产生，发生。句意为：技能、智巧的人越多，所制作的珍奇精美之物也就越多。河上公章句曰："人谓人君、百里诸侯也。多技巧，谓刻画宫观，雕琢章服，奇物滋起，下则化上，饰金镂玉，文秀彩色日以滋甚。"⑦法令滋彰，盗贼多有：法令，即治国之法，度律之令。滋，通"孳"。滋生，繁殖。彰：明显，显著。句意为：国家的法令越繁多，盗贼也就越猖獗。河上公章句曰："法物，好物也。珍好之物滋生彰着，则农事废，饥寒并至，而盗贼多有也。"⑧我无为而民自化：我：指君主自己。自化，自我化育。句意为：我无私无欲，无作无为，百姓自然而然就会顺从教化，而同归于治。⑨我好静，而民自正：自正，自我循守正道。句意为：我虚心恬淡，清净无为，不言不教，百姓自然而然就会行事忠正，循守正道。⑩我无事，而民自富：自富，自给自足，富足有余。句意为：我无欲无为，顺乎自然，百姓自然而然就会自给自足，富足有余。河上公章句曰："我无徭役征召之事，民安其业，故皆自富也。"⑪我无欲，而民自朴：自朴，心性自我化归朴实浑厚。句意为：我没有私心贪欲，浑然纯朴，一片天然，百姓自然而然就会心性纯真，而朴实浑厚。河上公章句曰："我常无欲，去华文，微服饰，民则随我为质朴也。"

【译文】以中正方直、不偏不倚之道治理国家，以权变奇异之术用兵作战，以无为、清静之道治化天下。我怎么知道是这种情形呢？根据就在于此：天下的禁令、忌讳越多，而老百姓就越陷于贫穷；从政者掌握的权力越多越重，贪权谋私、害国害民的腐败之事就会越多，政令不通，上下互欺，国家社会就会越来越昏乱；技能智巧越多，珍奇精美之物也就制作的越多；国家的法令越繁多，盗贼也就越猖獗。

所以有道的上古圣君说："我无私无欲，无作无为，百姓自然而然就会顺从教化，而同归于治；我无欲无为，顺乎自然，百姓自然而然就会自给自足，富足有余；我没有私心贪欲，浑然纯朴，一片天然，百姓自然而然就会心性纯真，而朴实浑厚。"

第五十八章

【题解】前面几章重在论述"德"在政治、社会、人生中的体现，本章主讲在政治、社会、人生中辩证法的应用。

圣人老子深知在上者，过于以智施政，导致民不聊生，以致奇正相反，祸福无正。在上者失于中道，在下者必然失于中道而受害。上下皆失中道，因此上不能行无为之政，下不能复天性本源，互相颠倒，互相错乱。或正复为奇，或善转为妖。这都是因为世人离道已远，迷之日久，故颠倒无所不至。

圣人老子以殷切慈悲之心，仁爱天下众生。他反复强调，一再叮嘱。一是为了匡道救失，使百姓复归天然本性；二是为了挽回天下，使为政者修无为之德，行不言之教，造福天下，臻于郅治。由此可知，老子深有寄望于天下后世殷切之心。

其政闷闷，其民淳淳①；其政察察，其民缺缺②。祸兮福之所倚，福兮祸之所伏③。孰知其极？其无正④。正复为奇，善复为妖⑤。人之迷，其日固久⑥。是以圣人方而不割⑦，廉而不刿⑧，直而不肆⑨，光而不耀⑩。

【注释】①其政闷闷，其民淳淳：政，政治，政事，政教。闷闷，政事宽大，不立机巧，昏昏昧昧，似若浑噩不明之貌。淳淳：一本作"醇醇"，一本作"沌沌"，淳朴厚实，忠诚宽大之貌。此句意为：圣君行政施教无作无为，昏昏昧昧，似若浑噩不明，却是一种无为德化的大治。他治下的百姓都敦厚淳朴、一派天然古风。②其政察察，其民缺缺：察察，形容为政者明察详审，任智使法，对民苛刻严厉的情形。缺缺，形容缺然若失、偷薄诈伪、多生狡诈之貌。此句意为：施政者私智妄用，私心妄为，政令烦多、苛刻严厉、明察详审，不顺民情，不随时务，强加民意。他治下的百姓都偷薄诈伪、机巧多智、狡猾奸诈。③祸兮福之所倚，福兮祸之所伏：祸，灾祸凶害之事。福，福德吉祥之事。倚，仗恃、倚靠、倚赖。伏，潜藏，埋伏。此句意为：眼前发生的灾祸凶害之事中，潜藏着福德吉祥。目前出现的福瑞之事中，就匿藏着灾祸危难。④其无正：正，定、止之意。其，指福、祸变换。此句意为：祸福无门，交替变换，唯在心正与否。祸因心转，福由心作。能知祸畏祸而不招祸，祸自不会临身；得其福而不损其福，福亦不会离身。⑤正复为奇，善复为妖：正，方正、端正；奇，反常、诈伪；善，善良、仁爱；妖，邪恶、妖邪。此句意为：天下没有绝对之事，方正可以转变为诈伪，仁善可以转变为邪恶。⑥人之迷，其日固久：指世人背离正道，迷于祸、福之门，不知阴阳变化之机，不晓进退存亡之理，不明循环相生之道，为时已经很长久了。⑦方而不割：方，方正、守正、徇规矩、不谋私、不妄为、无私念。割，割裂、伤害。此句意为：守正持道而却不因此伤害于人。⑧廉而不刿：廉，即清而不贪，洁而不染。刿，割伤。此句意为：是非分明，清正廉洁，若有棱有角，却不刺伤于人。⑨直而不肆：直率而不放肆。直，率真，直率。肆，放纵，放恣。此句意为：圣人虽率真直爽，却曲己从人，不恣肆放纵。⑩光而不耀：光，光亮通透，即无处不照，无理不通。此句意为：圣人虽无理不通，德光无处不照，无所不知，却能深藏敛抑、浑浑暗昧，从不向世人显露炫耀。

【译文】圣君治世，看似昏昏昧昧，浑噩不明，却是一种无为德化的大治。他治下的百姓都敦厚淳朴、熙熙暐暐。庸君治世，明察详审、苛刻严厉，看似励精图治，俨若神明。他治下的百姓却都偷薄诈伪、机巧多智。

灾祸危难是福善吉祥的生长之地，福善吉祥是灾祸危难的藏身之所。谁能知道它的结果最终是什么呢？天下没有绝对之事，祸福无门，惟人自召。祸因心转，福由心作。方正可以转变为诈伪，仁善可以转变为邪恶。世人背离正道，迷于福善祸淫之门，不知阴阳变化之机，不晓进退存亡之理，不明循环相生之道，为时已经很长久了。

因此，有道的圣人守持正道而却不因此伤害于人；是非分明，清正廉洁，若有棱有角，却不刺伤于人；率真直爽，却曲己从人，从不恣肆放纵；无理不通，德光无处不照，却能深藏敛抑、浑浑暗昧，从不向世人炫耀。

第五十九章

【题解】本章重在阐述治国与修身的原则和方法。圣人老子论述治国事天的根本法则，以示人立本穷源。治国与修身的根本，全在于积德重德，没有厚德作基础，则不能治人事天。只有积德至极，方可心与道合，德与天同，而长生久视。

世人能够摄身养生、修心养性、归根复命，重返先天的大道之中，就可以治理天下国家，即以修身之道平治天下。明德既明，自性既彰，如此扩而充之，大而化之，亲民新民，止于至善，如此修齐治平，内圣外王之道毕矣。

治人事天①，莫若啬②。夫唯啬，是谓早服③。早服谓之重积德④。重积德则无不克⑤，无不克则莫知其极⑥。莫知其极，可以有国。有国之母⑦，可以长久。是谓深根固柢⑧，长生久视之道⑨。

【注释】①治人事天：治人，治理百姓；事天，即顺天，指保守精气、养护身心、顺乎天性、颐养天年，全其自然而不施人为。对"天"的解释，一说指身心，一说指自然。此句意为保养天赋。②啬：即爱惜、保养之意。形容少私寡欲、知足常乐、敛神静气、存心养性。③早服：即在物欲未萌生之前，就早先为修心积德做好准备。④重积德：即不断地、更多地积累自己的德行。⑤无不克：克，胜任，战胜。意指无所不胜。⑥莫知其极：意指没有人能够知道它的穷极，即德性的力量没有穷尽，遍满虚空，无边无际。⑦有国之母：有国，即保国之意。母，根本、原则。此句意为：保有了国家的根本。河上公章句曰："国身同也。母，道也。人能保身中之道，使精气不劳，五神不苦，则可以长久。"⑧深根固柢：河上公章句曰："人能以气为根，以精为蒂，如树根不深则拔，叶蒂不坚则落。言当深藏其气，固守其精，无使漏泄。"⑨长生久视之道：长久地维持、长久存在。

【译文】治理百姓和存心养性，没有比少私寡欲、保养精气更为重要的了。只有敛藏心志、少私寡欲、保养精气、清静无为才能在物欲未萌生之前，就提前预防。防微杜渐，闲邪存诚，做好窒欲的准备就是不断地积功累德。不断地积功累德，直至功德无量、心性明悟、圆融无碍，就没有什么做不到的事情。没有做不到的事情，事事圆融、处处自在就能身心合道，德性显现，身心合道、德性显现，德光就能流行无间、妙用无穷、遍满虚空，无处不照、无所不通、无量无边。

德合天地，道通万有，就能顺天应人，身担社稷、治国安邦，造福万民。掌握了修身治国的根本大道，一身载道，道不离身，从而身修而国治，国治而天下安，如此便能实现百姓的道德教化，成就国家的长治久安。涵养心性、保养精气、无私无欲、抱朴守一就是深化生命的元气，坚固人性的道根，如此就能与道合真，长生不死、常驻不坏。

第六十章

【题解】本章老子以"治大国，若烹小鲜"为比喻，再一次深刻地重申"无为而治"的道理。

小鱼很鲜嫩，用刀乱切或在锅里多次搅动，肉就会碎掉。治国亦是此理，要像煎小鱼那样，不可妄行施为。

圣君要以道治国、以德化民、顺乎自然，处无为之事，行不言之教，如此就能以正化邪，以德化民，鬼神无用，圣人无为，天下熙熙，万民安泰。

治大国若烹小鲜①。以道莅天下②，其鬼不神③。非其鬼不神，其神不伤人④。非其神不伤人，圣人亦不伤人⑤。夫两不相伤⑥，故德交归焉⑦。

【注释】①治大国若烹小鲜：小鲜，小鱼。此句意为：圣君行政施教，治理大国就要像烹煮小鲜鱼一样，不可胡乱搅弄。②以道莅天下：莅，临视，治理，统治，管理。意指圣君体道行德，以道治国，以德化民，而临视天下。③其鬼不神：鬼，人死之精魂。神，灵验。此处指妖邪作乱。此句意为：圣君在位，大道流行，邪不胜正，神明在上，妖邪不敢出来作乱。

④其神不伤人：指鬼神各归其正，各得其理，阴阳各归其位，各安其分，正道大行，神明在上，邪不干正，鬼神各守其道，不敢为祸作乱，伤害百姓。

⑤圣人亦不伤人：指圣人以道治国，德合天地、理合神明，浩气充塞，教化天下，无所不化，无处不有。各行其道，各安其位，互不相伤，天下熙熙。

⑥夫两不相伤：即鬼神和圣人都不伤害于百姓。⑦故德交归焉：指鬼神之德合于圣人之德，两德相合，天下万物各得其理，各正其性，如此百姓安定，天下大治。

【译文】治理大国就要像烹煎小鲜鱼一样，不要经常去搅动它。圣君以道治国，以德化民，而临视天下。鬼怪不敢出来作乱。不是鬼怪不敢出来作乱，而是神明在上，圣君在位，鬼神各归其正，各守其道，根本就不会为祸作乱，伤害百姓。鬼神各归其正，各守其道，不伤害百姓，并非是自归正途，而是因为圣君在位，天理流行，圣人体道行德、清静无为，不扰于民，不烦于事，不害于民。鬼神之德合于圣人之德，两德相合，互不相伤，圣人德合天地、理合神明，天下万物各得其理，各正其性，大德敦化，教化大行，如此百姓安定，天下大治。

第六十一章

【题解】本章是老子针对诸侯之间，争强好胜、兼并作战的动乱局面，提出处理大国与小国之间关系的准则，告示天下：大国与小国都应当循守大道，谦卑处下，无为不争。大国无慢下之患，小国无傲上之忧，彼此怀德顺道，天下必然无事而太平。

道无尊卑，德有大小。道之尊，不以国之大小而尊；德之大，不以位之尊卑而大。有道德者，法天地自然之理，体无为自然之化，心普化万物而无心，情顺万事之情而无情。小大相忘，人我不分，浑然一体。心德湛然，不存物欲之私；天理纯全不起好恶之见。处于上者，如天之覆，无所不容；处于下者，如地之载，无所不纳。到此天地，虚心忘己之道，无往而不妙感；以静处下之德，无往而不妙应。天下之国，虽不求兼蓄，却未有不能兼蓄者；虽不求入事，却未有不入事者。

大国者下流①，天下之交，天下之牝②。牝常以静胜牡③，以静为下。故大国以下小国，则取小国，小国以下大国，则取大国。故或下以取，或下而取④。大国不过欲兼畜人⑤，小国不过欲入事人⑥。夫两者各得其所欲，大者宜为下。

【注释】①大国者下流：指大国应当如江河的下游入海处一样，百川汇聚，不拒细流，如此愈见其大。②天下之交，天下之牝：一本作天下之牝，天下之交也。交，会集、会总、交汇。意为：大国若能雌柔处下、自谦自抑，毫无一国之私，众望所归，犹如百川归海，万流所归。大国交往于一切小国，一切小国自然都愿意甘居处下，事于大国。③牝常以静胜牡：牝，即雌性，牡，即雄性。此句意为：雌性总是以持虚守静而胜于雄性。④或下以取，或下而取：下，谦下；取，借为聚。此句意为：大国谦卑处下而取得小国的归附，而小国谦逊低下则归聚依附于大国，取得大国的庇护。⑤兼畜人：兼，兼并，合并。意指大国想要兼并容纳小国，把人聚在一起加以养护。⑥入事人：入事，即归附顺从之意。意指小国不过想归附而听命于大国。

【译文】大国要像居于江河下游那样，使天下百川汇聚，处在天下雌柔的位置。大国若能雌柔处下、自谦自抑，自然众望所归，犹如百川归海，万流汇聚。大国交往于一切小国，一切小国自然都愿意甘居处下，归附于大国。雌柔常以持虚守静而胜过雄强，这是因为它虚静处下，柔弱低下的缘故。

大国若能谦卑处下而礼遇小国，就会去得小国的信任，小国也甘于归附依从。小国若能谦下忍让而尊敬大国，就会被大国容纳和庇佑。因此而言，大国谦卑处下而取得小国的归附，而小国谦逊低下则归聚依附于大国，取得大国的庇护。大国不过想要兼并容纳小国，小国不过想要归附而听命于大国。这样大国小国各自得到自己所欲求的，大国更应当要谦下忍让。

第六十二章

【题解】本章再一次重申大道的功用和益处，圣人老子认为清静无为的"道"，不仅是善良之人的法宝，而且还是不善之人必须保有的。善人化于道，则求善得善，有罪者化于道，则免恶入善。

道虽无形无相，但却无物不藏。道虽无位无名，但道之贵却无所不尊。人能得此道奥之妙，就是敦本立极，止于至善之地。修之于身，用之于天下，就会无往而不善。

道者万物之奥①。善人之宝，不善人之所保②。美言可以市③，尊行可以加人④。人之不善，何弃之有。故立天子，置三公⑤，虽有拱璧以先驷马⑥，不如坐进此道⑦。古之所以贵此道者何。不曰：求以得，有罪以免邪⑧？故为天下贵。

【注释】①道者万物之奥：奥，深藏之意。此句意为：大道深藏万物无所不容，它生生不息，是天地万物的根本归宿。②不善人之所保：保，保护，不让受到损害。此句意为：大道使不善之人受到保护，得到恩惠，不善之人也要保持它。③美言可以市：意指美好的言辞，可以取得别人的赞美和敬仰。④尊行可以加人：意指尊贵的德行可以受到众人的称赞和尊敬。⑤三公：古代称大臣司马、司徒、司空为三公；一说太师、太傅、太保为三公。⑥拱璧以先驷马：拱璧，指双手捧着贵重而特大的玉璧；驷马，四匹马驾的车，即为一乘。古代的献礼，轻物在先，重物在后。故而先赠送贵重而特大的玉璧，然后再赠送驷马一乘的重礼。⑦坐进此道：进，进言，进献。此句意为：席坐而论说进献清静无为之大道。⑧有罪以免邪：有罪的人得到"道"，可以免去罪过。

【译文】道是深藏万物之所，是天地万物的归宿。善人明理守道，恩惠于众，普行于世，它是善良之人的大宝。不善之人，不明大道，背天逆理，倒行逆施，无恶不作，一旦迁善改过，就能得到大道的保护，受到大道的恩惠，它是不善之人的保护者。善美的言辞可以得到众人的赞美和尊敬，尊贵的德行可以受到众人的称赞和敬仰。

善与不善都是源于大道本源，本性毫无差别，不善之人只是大道不明、物欲未化，若善人以大道美言善行传之于世，不善之人自然受其感化，悔过自新，改恶从善。人虽有不善者，为何要对他弃置不顾呢？

因此设立天子，置任三公重臣，就是为了以道治国，以德化人，教化天下不善之人，使之同归善域。因而天子三公即使有拱璧在前，驷马随后的隆重朝聘礼仪，远不如跪着把大道作为进献之礼，抱道而行。古人之所以看重推崇大道的原因是什么呢？不就是因为诚心向道，必有所得，有罪改过，就能除灾免难嘛？因此道为天下人所尊贵。

第六十三章

【题解】本章经旨意在阐发"无为而无不为"的道理，圣人老子讲"为无为，事无事，味无味"的道理。即强调立德务本、道心用事。无论立身行道、接人待物、处世为人，皆以出世之心行入世之事，以无为而为，以无事而事，以道心应凡，以无心行事，事上无心，心上无事。处处皆是凡尘琐事，在在咸为圣心妙境，身在尘中，心逸尘外。如此，以平常心应事接物对待一切，没有什么做不到的事情。

为无为，事无事，味无味①。大小多少②，报怨以德③，图难于其易④，为大于其细⑤，天下难事，必作于易。天下大事，必作于细。是以圣人终不为大，故能成其大。夫轻诺必寡信，多易必多难。是以圣人犹难之⑥，故终无难矣。

【注释】①为无为，事无事，味无味：无味，谓清纯淡泊、平淡无奇。此句意为以无为之心去做为，以无事之心去应事，以无欲之境去处俗。即终日有为，而却无有为之心，终日应事，而却无事存心，终日交于世情俗事，而却毫无情欲，淡泊无味。是谓皆顺乎自然，不立己见，因感而应，不起私心。②大小多少：大生于小，多起于少。一说为大其小者，多其少者，意指雪中送炭，扶危济困，损有余而补不足。一说为大其小者，多其少者，大、多用作动词，意为推崇、尊尚、推重，意指柔弱处下、无欲无为、简易质朴。一说为大其小者，多其少者，意指抑富济贫，消除两极分化，化解敌对情绪，实现和谐同存理想。一说为大的看作小，小的看作大，多的看作少，少的看作多，一说为去其大，取其小，去其多，取其少。一说为欲大反小，欲多反少。本书不作依从，皆以德统之，以道应之，数类咸赅。③报怨以德：对别人的怨恨，以仁心善德来对待。④图难于其易：意指凡遇难事，应先从容易处下手。⑤为大于其细：细：小。意指凡遇大事，必须先从细小之处着眼。⑥圣人犹难之：即圣人犹之难之，意指圣人做事，哪怕是很容易的事，也谨慎认真地对待，以易事作难事。

【译文】以无为的心态去有所作为，以无事的心念去应事接物，以淡泊清净的心境去体味人情世道。不管是柔弱处下、无欲无为，还是扶危济困，损有余而补不足，不管是怨恨多少，憎恶多寡，还是辩证对待、互转互化，都能以仁心善德统一对待，心不动念，以德大化。

欲做成难事，应先要从容易处下手；欲办成大事，必须先从细小之处着眼。天下的难事，都是先从简易的地方做起的；天下的大事，都是先从细小之事开端的。因此，有道圣人不动私念，不生欲心，不恃功居傲，所以才能成就大事。轻易允诺别人的要求，必定很少能够兑现。把事情看得太容易，势必遭受很多困难。因此，圣人做事，以易事作难事，一直看重困难，哪怕是很容易的事，也要谨慎认真地对待，所以就从没有什么办不了的难事。

第六十四章

【题解】本章和第三十六章一样，重在教导人们认知大道"微明"之理，重申阴阳互根、相互转化的自然辩证法。世间万物万事，皆有隐有显，有微有明。微明之机，百姓日用却不知，显于面前而不见。微明之理，虽劫运变迁而不能移，圣人出世而不能易。用之于修身莫见乎隐，莫显乎微，用之于治世见微知著，以小见大。

老子进一步阐述了事物发展变化的规律，理同上一章，天下万事万物皆是从微小的地方为开端而发展演变的。同时也告诫人们，无论做什么事情，都要慎终慎始，持之以恒，坚心定性，守道不移。

其安易持，其未兆易谋①，其脆易泮，其微易散②。为之于未有，治之于未乱。合抱③之木，生于毫末④；九层之台，起于累土，千里之行，始于足下。为者败之，执者失之⑤。是以圣人无为故无败，无执故无失。民之从事，常于几成而败之，慎终如始，则无败事。是以圣人欲不欲，不贵难得之货⑥；学不学，复众人之所过⑦，以辅万物之自然，而不敢为⑧。

【注释】①其安易持，其未兆易谋：安，平静，宁静，稳定。持，掌握，控制。兆，征兆，显露征兆。未兆，即事物尚未开始之时的微妙现象。谋，谋划处置，思考明悟。此句意为：在清净安宁，心闲无事的状态之下，道心最容易持守，在心念未起，身处无欲，尚无任何是非善恶、吉凶悔吝征兆的状态之下，最容易持守中正，守性不移。②其脆易泮，其微易散：脆，易折断。泮，通"判"分散，分解。散，分散，消散。此句意为：在事物脆弱的时候，最容易消解，在事物隐微不显的时候，最容易消除。河上公章句曰："祸乱未动于朝，情欲未见于色，如脆弱易破除也。"③合抱：两臂环抱，形容树身之粗大，需要众人连手才能围拢。④毫末：比喻极其细小的东西，此处指萌芽的幼苗。⑤为者败之，执者失之：一说是二十九章错置于此。本书仍依从本章作解。此句意为：有意施为，废于自然，不能永固，必有衰败之时；强守执着，不能长久，必有失去之时。河上公章句曰："有为于事，废于自然；有为于义，废于仁慈；有为于色，废于精神也。"⑥是以圣人欲不欲，不贵难得之货：此句仍疑为二十九章错置于本章。本书仍依从本章作解。此句意为：圣人追求世人不追求，所不能追求的，见素抱朴，致虚守静，清静无为，不以难得的财货宝物为珍奇贵重，而是以德为贵，不贱石而贵玉。河上公章句曰："圣人欲人所不欲。人欲彰显，圣人欲伏光；人欲文饰，圣人欲质朴；人欲于色，圣人欲于德。"⑦学不学，复众人之所过：过，即过失、过分、偏差之意。此句意为：圣人学常人之所不愿学、所不能学。持之以纯朴，以德大化天下，使众人认知过失，弃恶从善，去诈复淳，去昧复明。皆归于中正大道，复归于浑厚淳朴的中正之道。⑧以辅万物之自然，而不敢为：此句意为：圣人遵循万物的自然本性，尊重众人的本然德性，顺着人和物的本性，引诱疏导，因循自然，使万物各归其正，使众人返本复初，无欲无为，不敢有所造作，妄加施为。

【译文】在清净安宁，心闲无事的状态之下，道心最容易持守，在心念未起，身处无欲，尚无任何是非善恶、吉凶悔吝征兆的状态之下，最容易守性不移，持守中正。在事物脆弱的时候，最容易消解，在事物隐微不显的时候，最容易消除。做事情要在它尚未萌生的时候，就加以处理制止；治理国政，要在祸乱尚未产生之前就预先准备。合抱的大树，生长于幼小的萌芽；九层的高台，筑起于每一堆垒起的泥土；千里的远行，从脚下的第一步开始走出来。

有意施为，废于自然，必有衰败之时；强守执着，不能长久，必有失去之时。因此圣人无所作为所以也不会招致失败，无所执着所以也不遭受损害。人们做事情，往往功败垂成，所以当事情快要完成的时候，也要像开始时那样慎重，就没有办不成的事情。因此，圣人追求世人不追求，不能追求的，见素抱朴，致虚守静，清静无为，以德为贵，不稀罕难得的财货宝物。圣人学常人之所不愿学、所不能学的。匡善救失，以德感化天下，使众人认知过失，弃恶从善，复归于浑厚淳朴的中正之道。圣人遵循万物的自然本性，尊重众人的本然德性，顺着人和物的本性，引诱疏导，因循自然，使万物各归其正，使众人返本复初，无欲无为，不敢有所造作，妄加施为。

第六十五章

【题解】此章经旨重在阐述以道治国，无为而治，以德大化于天下的道理，寄望世人循玄德而修，告诫统治者有意施为，妄行干预最终都会导致"慧智出，有大伪"。妄行施为，必然会大道废，流弊出，天下安和不能长保。

无为而治，处无为之事，行不言之教，大智若愚，大巧若拙，无为无败，无执无失。使天下百姓"虚其心，实其腹，弱其志，强其骨，常使民无知、无欲"，即"非以明民，将以愚之"如此则天下百姓都能复归原始质朴、淳厚的人性，而返朴还淳、归根复命。天道行而万物顺，圣德修而万民化。

古之善为道者，非以明民，将以愚之①。民之难治，以其智多②。故以智治国，国之贼③；不以智治国，国之福。知此两者，亦稽式④。常知稽式，是谓"玄德"。玄德深矣，远矣！与物反矣⑤，然后乃至大顺⑥。

【注释】①非以明民，将以愚之：明民，指教民以聪明智巧，让人民知晓巧诈。明，知晓巧诈。愚，此处指敦厚、朴实，没有巧诈之心。不是愚弄、蒙昧。此句意为古之圣人治世，不是教民聪明智巧，让人民知晓巧诈，而是教民以笨拙、质朴之道，使老百姓无巧诈之心，敦厚朴实、善良忠厚，都能复归本然天性。②智多：意为巧诈多生，心智多起。智，巧诈、奸诈，而非为智慧、知识。③贼：伤害之意。④稽式：法式、法则，一本作"楷式"。⑤与物反矣：反，通"返"。此句意为玄妙至德和天地万物复归于自然真朴之道。⑥大顺：指复归大道，合于自然。

【译文】古代善于体道行德的圣人治世，不是教导人民知晓智巧伪诈，而是教导人民淳厚朴实。古之圣人治世，不是教民聪明智巧，让百姓知晓巧诈，而是教民以笨拙、质朴之道，使百姓无巧诈之心，敦厚朴实、善良忠厚，都能复归本然天性。百姓之所以难以治理教化，就在于巧智心愈多，失真性愈强，诈伪便愈多，离道也愈远。因此用智巧聪明治理国家，祸国殃民，流毒甚广，与道大乖。不用聪明智巧治理国家，而是施以德治，行于无为，上无智，下无巧，民心淳朴，复归于道。百姓和乐，天下安泰，这是国家的福祉。

认知了"国之贼"和"国之福"这两者的本质差别，就明了造福百姓之益，祸国殃民之害，就能够舍有为行无为，以道治国，以德化民，使天下风化，同归善域，这就是治国教民的法则。若能以身载道，常行法则，抱朴含真，守性不移，念兹在兹，朝斯夕斯，片时不卸，须臾不离，便是至诚无妄的"玄德"。"玄德"玄妙深奥，清静幽远，至虚至实，无名无相，与道合体，幽隐难明，它和天地万物同归于自然真朴，合于大道，而同于自然。

第六十六章

【题解】本章经旨以江海之低洼善下而纳百川所归聚，取喻统治者虚心忘己、自卑谦下，以下为上，以后为前的不争之理。君王能守辱处下，则为万民所拥戴，君王能谦让不争，则为天下所敬重。

圣人老子在本书之中，对于治国之道，重申复述，一言以蔽之，皆是教导君王柔弱处下、无为而治。天下战乱纷纷，君王嗜欲妄为，百姓民不聊生，天下久违大道已经很远了，圣人老子欲挽救世道，匡正人心，苦口婆心，施爱播仁，千言不厌，劝谕不止。人类只有重返无为，复归大道，方可救世导民，而臻于郅治。

江海所以能为百谷王^①者，以其善下^②之，故能为百谷王。是以圣人欲上民，必以言下之；欲先民，必以身后之。是以圣人处上而民不重^③，处前而民不害。是以天下乐推而不厌^④。以其不争，故天下莫能与之争。

【注释】①百谷王：谷：两山间的夹道或流水道，或指两山之间。此句意指：天下的细流河川归往汇聚之地。②善下之：指善于自卑处下。

③重：累，意为劳累、沉重。④乐推而不厌：推，拥戴，推举。此句意为：天下百姓都乐意推举他做君王，而没有厌离之心。

【译文】江海所以能成为百川汇聚的众流之王，是因为它善于自卑处下，所以能够成为百川之王。因此有道圣君要治化天下，统治人民，在言辞上必须要谦下，要想治化天下，领导人民，就要身居人后，大公无私。因此，有道圣君虽然高居在百姓之上，而百姓却并不感到负担承重而辛苦劳累。身居于百姓之前，而百姓并不感到有所妨碍。因此天下百姓都乐意拥戴他做君王，而没有厌离之心。因为他无私无欲，无人无我，不与百姓相争，所以天下没有人能和他相争。

第六十七章

【题解】本章是"道"的自述，得之体为道，行之用为德，体道行德，道德全备，便会真道大成。此章是老子对《德经》三十八章以来的概括和总结。"慈""俭""不敢为天下先"，此三宝即是道之用，德之行，以显喻隐，以理言德。圣人老子慈悲心切，开示大道，施教世人以"三宝"，旨在度化世人，欲使天下后世持宝识道，而不致于堕入死地。

"慈"，即仁慈，以仁慈爱其身，此身即能不死不坏而入道。"俭"即持身俭用，俭心养性，能俭心养性，就能人事尘劳简从，而少私寡欲，复命归根。"不敢为天下先"即能和光同尘，与世无争，柔弱处下，虚静谦让，一念不生，心如止水，复归清净本来。

"道者反之动"，"弱者道之用"大道的辩证，相互作用，相反相成，其体性而皈根，其运用而为德，以钝为利，以退为进，即能复归于道。

天下皆谓我道大，似不肖①。夫唯大，故似不肖②。若肖，久矣其细也夫③。我有三宝④，持而保之⑤：一曰慈，二曰俭⑥，三曰不敢为天下先。慈故能勇⑦，俭故能广⑧，不敢为天下先，故能成器长⑨。今舍慈且⑩勇，舍俭且广，舍后且先，死矣！夫慈，以战则胜，以守则固。天将救之，以慈卫之⑪。

【注释】①天下皆谓我道大，似不肖：我，不是老子用作自称之词，指道，道即我，我即道。肖，相似，类似。意指不像具体的事物，没有任何东西可与道相似。此句意为：天下之人都称说大道光大无边，弥纶天地，浩渺无垠，无方无体，无法用形名色象来比喻，不像世间某个具体物象。②夫唯大，故似不肖：意指正因为大道广博宏大，无方无体，无形无相，所以无可名状，无法形容。③若肖，久矣其细也夫：意指若用形象比拟，就成为某个具体事物，那就不是道了。④三宝：即三件法宝，或三条原则。⑤持而保之：即持守它并保养它。⑥俭：即俭朴、勤奋、节俭，亦即收敛节制之意。人能以俭立身，不图虚华，敦厚笃实，勤以持身，俭以养心，精神内守，不被外物所扰。久而行之，则俭德可备。⑦慈故能勇：勇，这里并非指世俗轻生丧命，狂暴粗莽之勇，而是指化世度人之大仁大勇。意指慈悯仁善所以能勇于无为，有无为之大勇就能无所不救，无所不度。⑧俭故能广：广，这里并非指务外求多，涉猎宽博，而是指恬淡寡欲，清静无为与天地相合相应。意指俭约于物，勤俭节约就会家给人足，民用丰厚。啬爱于身，精神内守，凝神定性，而天人合一，长生久视。⑨不敢为天下先，故能成器长：器，指万物。器长即得道之圣人。此句意指：虚静谦让，柔弱处下，和光同尘，与世无争，敦厚淳朴，无欲无私，复归清净本来而为道圣。⑩且：取用，追求。⑪天将救之，以慈卫之：意指上天欲将救助善人，必定会以仁慈护佑他。

【译文】天下人都认为大道广博宏大，弥纶天地，不落方所，无法用形名色象来比喻，不像世间某个具体物象。正因为大道无形无相，无方无体，所以无可名状，无法形容，言语道断。倘若用形象比拟，就成为某个具体事物，那就不是道了。我有三件法宝，持守并保养它们：第一件叫做慈爱；第二件叫做俭朴；第三件是退居人后，与世无争。

秉心慈悯仁善，就能生出大仁大勇来，而勇于无为，有无为之大勇就能无所不救，无所不度。俭约于物，就会家给人足，民用丰厚。啬爱于身，精神内守，凝神定性，就能天人合一，而长生久视。虚静谦退，柔弱处下，和光同尘，与世无争，就能复归清净本来而成为天下的有道圣人。

现在的世人，舍弃慈柔之本，仁善之心，一味地盲目追求鲁莽豪强，好勇斗狠；舍弃勤俭之德，惜身之本，一味地追名逐利，穷奢极欲，骄奢淫逸，挥霍浪费；舍弃柔弱之性，谦让之德，一味地争强好胜，争名夺利。这就是自取灭亡。

仁慈之人，百姓亲附，上下一心，因此用来征战，就能够胜利，用来守卫就能巩固。上天将要救助他，必定会以仁慈来护佑。

第六十八章

【题解】本章宗旨, 为圣人老子借用兵之道, 以示诫世人, 做人处世不可轻露浅躁, 不可争胜好强, 不可争名夺利。故而应当真诚仁慈, 柔弱处下, 无为不争。

圣人老子深知因物付物, 随物处物, 皆是以无为而感, 以无为而应的道理。所以人能自弱者, 才能成其强; 能惩忿者, 才能全其勇; 能自晦者, 才能善其用; 能自下者, 才可以服于众。以此理处事, 则事事必成; 以此理接物, 而物物顺应。天道不争而万物自化, 圣人不争而万民自归。

无争之人, 推行大道于世, 则无处而不可用。用于兵甲对敌, 则无敌而不克, 而国无不保。用于修已治人, 则身无不修, 而人无不治。用于建诸天地, 而天地自然正而不悖。用之于诸圣人, 而圣人之德无极尽。

天道之理,"是以后为前, 以退为进"。人只有具备无争无为的品德, 才能常致于人, 而又不致于人, 才可以与天地之德相配, 才符合自然之道, 才能达到与道合一的最高境界。

善为士者不武①，善战者不怒②，善胜敌者不与③，善用人者为之下④。是谓不争之德，是谓用人之力⑤，是谓配天⑥，古之极⑦。

【注释】①善为士者：士，即士师，作将帅讲。这里指善于作将帅的人。不武：不崇尚武力，不炫耀武力，不穷兵黩武，不得已而用之。此句意指擅长做将帅的人，兵力虽然强大却不欺侮人，尊崇道德而不崇尚武力，领兵作战不得已而为之。②善战者不怒：不怒，即不轻易发怒，不以邪怒存心，无有诛杀怒心，以慈心相感。如果怒而出师，愠（yùn）而交战，即便是不含有侵伐暴戾的成分，也为兵家所忌。正如《孙子兵法》所言"主不可以怒而兴师，将不可以愠而致战。"此句意为：善于用兵作战的人，不轻易发怒，不以邪怒存心，无有诛杀怒心，而是以慈心相感。"河上公章句："善以道战者，禁邪于胸心，绝祸于未萌，无所诛怒也。"③善胜敌者不与：不与：意为不争，不正面冲突。即不战而胜之义。此即孙子所说："是故百战百胜，非善之善者也；不战而屈人之兵，善之善者也。"此句意为：善于战胜敌人的人，不正面与敌人交锋，不战而屈人之兵。河上公章句："善以道胜敌者，附近以仁，来远以德，不与敌争，而敌自服也。"④善用人者为之下：意指善于用人的人，不以己为能，以德为重，以众人为上，礼贤下士，恭敬下属，从而得到人的诚心辅佐。河上公章句："善用人自辅佐者，常为人执谦下也。"⑤是谓用人之力：用人，即行用人道，践行于人道。此句意为：这就是能够集合众人的智慧和力量。河上公章句："能身为人下者，是谓用人臣之力也。"⑥配天：符合天道。⑦古之极：意即达到与天地同德，与道合一的最高境界。

【译文】善于做将帅的人，尊崇道德而不崇尚武力，领兵作战不得已而为之；善于用兵作战的人，不轻易发怒，不以邪怒存心，无有诛杀暴心，而是以慈心相感；善于战胜敌人的人，不正面与敌人交锋，不战而能屈人之兵；善于用人的人，不以己为能，而以德为重，以众人为上，礼贤下士，恭敬下属，从而得到众人的诚心辅佐。这就是不争之德，用柔之道；这就是能够集合众人的智慧和力量；这就是与自然天道相应，而达到与天地同德，与道合一的最高境界。

第六十九章

【题解】本章接续前两章,仍然借用兵之道来阐述以退为进、柔弱处下、无为不争的"道者柔之用"之理。

圣人老子论战而取喻,谈兵以明道,以示慈仁之本,以发君道之正。这正是大道的"反者道之动,弱者道之用",闻者若能以论兵而悟学道修身之要,卑以自牧,让以处人,无往而不谨慎,则无往不是道矣。

用兵有言①:"吾不敢为主②而为客③;不敢进寸而退尺。是谓行无行④,攘无臂⑤,扔无敌⑥,执无兵⑦。祸莫大于轻敌,轻敌几丧吾宝。故抗兵相加⑧,哀⑨者胜矣。

【注释】①用兵有言:意即古代善于用兵的人曾有此语。②为主:指主动进攻敌人。③为客:指被动退守,不主动挑战,不得已而应敌。④行无行:行,行动,行迹,喻指行军、布阵等各种军事行动。无行,即无形。"行"通"形"指形态、情形。此句意为;虽然有行动,却不见形迹,行军布阵的行踪不被对方察觉。行列,阵势。此句意为:虽然有阵势,却像没有阵势可摆。⑤攘无臂："攘"，即捋袖伸臂，形容以力胜于人。意为虽然要捋袖伸臂，对方却看不见挥动的手臂。⑥扔无敌：意为虽然牵引着敌人使其就范，对方却看不见我靠近接触。⑦执无兵：兵，刀枪剑戟等古代之兵器。意为：虽然装备整齐，严阵以待，对方却看不见我手执的兵器。⑧抗兵相加：意为两军实力相当。⑨哀：爱怜，哀矜。

【译文】古代善于用兵的人曾经这样说，"我不敢主动进犯，而采取守势；不敢前进一步，而宁可后退一尺。"这就叫做虽然有行军阵势，对方却看不见行军布阵的踪迹；虽然要阻击对方，却像没有臂膀推抵一样；虽然拥有强大的军力牵引着敌人使其就范，对方却看不见我靠近接触；虽然装备整齐，严阵以待，对方却看不见我手执的兵器。祸患再没有比轻敌更大的了，轻敌几乎丧失了我的"三宝"。所以，两军实力相当的时候，悲痛的一方必然会取胜于敌。

第七十章

【题解】圣人老子教人之心急迫，救人之心真切，因见天下人心失正，大道乖离，私欲炽盛，本性迷失。故而著下《道德经》一部，传五千余言，字字见道，句句得理，苦口婆心，反复重述，谆谆教诲，孜孜不倦，寄望天下后世，都能明理知道，返本还原。

可惜，圣人大道，至近至简，易知易行，即人以言道，即道以言身，在在处处，时时念念，无不是道。世人日用而不知，常行而不悟，追逐物欲，障蔽本来。于是，老子深有感叹地发出："知我者希，则我者贵"之言。

可见，圣人之性同于天，圣人之心同于道，所以心性一如，动静不二，而能得道心之本源。大道在圣不增，在凡不减，圣人凡人，皆一道同宗，一德同根。而世人却以私欲害己心性，被尘俗物欲所蒙蔽，以后天识神为主，心猿意马，妄念纷飞，怎么能通达明了老子的无为大道呢？

吾言甚易知，甚易行①。天下莫能知、莫能行②。言有宗，事有君③。夫惟无知，是以不我知④。知我者希，则我者贵⑤。是以圣人被褐怀玉⑥。

【注释】①吾言甚易知，甚易行：易知，简单明了，通俗易懂。易行，简约明白，容易实行。此句意为：我的言论简单明了，通俗易懂，很容易实施践行。②天下莫能知、莫能行：莫能知，不能明了。莫能行，不能实行。此句意为：我讲的大道，本来易知易懂，但天下人日用却不知；我所言之理，易明易行，但天下人却不能行。道不远人，而人自远于道，心不迷人，而人自迷于心。见道之理似不见，见道之行而不行，无可奈何。③言有宗，事有君：宗，大道之根。在人则为心，即不学而知之良知。君，万事之主。在人则为心，即不学而能之良能。此句意为：知道出言的根本就是自己的本心良知，如此，内观于己，行住坐卧，日常用事，处世应物，言其当言，出言没有不是善言的，没有不合乎道性的，故而，言为天下的法则。通达天地之至理，妙合古今之大道，简易平实，有本有物。知道做事的主人就是自己的本心良能，如此，慎独自省，反身而诚，窥见隐微之机，行其当行，做事没有不是善行的，没有不合乎大道的，故而，行而为天下法。考察上古至道都无一悖逆，反观当今之世而毫不怀疑，坦然直行，为法为则。④夫惟无知，是以不我知：意指世人违道久远，沉溺于物欲私心，常常以后天识神用事，昏昏茫茫，障蔽本来，对自然大道茫然无知。⑤知我者希，则我者贵：希，通"稀"，稀少。则，效法。贵，难能可贵。此句意指：能够通达明了我的大道本心，能够实行我的大道至理，能够修德证道者，难能可贵，我将其看作天下最尊贵的人。⑥是以圣人被褐怀玉：是以，因此，所以。被，通"披"，穿着。褐，粗布，即古人所穿的粗布衣。怀玉，即怀藏宝玉。比喻胸怀道德，深藏若虚，不炫玉卖弄。此句意指：因此圣人身披粗陋之衣于外，胸怀洁白之玉于内。怀宝匿藏，密而不露，不炫耀于人。

【译文】我的言论简单明了，通俗易懂，很容易实施践行。但天下人日用却不知，易行却不能行。道不远人，而人自远于道，心不迷人，而人自迷于心。见道之理似不见，见道之行而不行。知道出言的根本就是自己的本心良知，如此，内观于己，行住坐卧，日常用事，处世应物，言其当言，出言没有不是善言的，没有不合乎道性的。知道做事的主人就是自己的本心良能，如此，慎独自省，反身而诚，窥见隐微之机，行其当行，做事没有不是善行的，没有不合乎大道的。

因为世人沉溺于物欲私心，障蔽了自己的良知、良能，浑浑噩噩，茫然无知，所以不能了悟宇宙人生的大根大本，不能参透道德之妙。

能够通达明了大道之本心，能够践行大道之至理，能够修德证道者，具有佛根道器，难能可贵，我将其尊为天下最贵的人。因此圣人身披粗陋之衣于外，胸怀洁白之玉于内。怀宝匿藏，密而不露，不炫耀于人。

第七十一章

【题解】本章是对五十六章"知者不言""言者不知"的继续阐述。对"知不知"的有真道者，称之为"上德"，尊而为贵；对"言者不知"，"不知知"的假知者，称之为"病"。老子在此指出世人普遍存在的以"不知以为知"，自作聪明，强以为知的毛病。并反复重述，谆谆教诫，其目的在于帮助世人拔除心上的病根，以唤醒其昏昧的心性。

圣人"上知"，所以大智若愚，恬淡自养，不露智慧，好似无知一般。而世人本来无知，而自以为有知，故谓之"不知知病"。不知言知者，皆是妄心妄言。不仅害了自己的心德，而且也会误害他人。人贵有自知之明，能将"强不知以为知"明之于心，自以为非，反复洗涤，虚心自悔，脚踏实地，常省常察，心不妄思，口不妄言，内不欺己，外不欺人，上不欺天，下不欺地。日久则此病自愈，即可心清性明。如此柔弱处下，谦和做人，明白平常事物中所含的道理，即"知常曰明"，"自知者明"，使天下人皆能"介然有知，行于大道。"

知不知，上^①，不知知，病^②。夫唯病病，是以不病^③。圣人不病，以其病病，是以不病^④。

【注释】①知不知，上：第一个"知"意指真知；第二个不"知"，意指有真知之人，藏知于内而真知不露，大智若愚。上，即上德。此句意为：具有真知而不自以为知者，是谓上德之人。有大智慧之人，性体圆明，明镜无尘，天地万物，洞彻朗明，无所不知，然而却谦逊自守，深沉持重，不肤浅自夸，不人前卖弄，浑浑然大智若愚，朴朴然大巧若拙，智慧藏于内，德光明于外。②不知知，病：病，毛病，缺点。意指不知却言知，不懂装懂，即强不知以为知，这就是一种心理病态。凡人对天道之理知之甚少，往往妄议事物之真伪，不知而强装知，这就是很愚蠢的心病。③夫唯病病，是以不病：第一个"病"，意指医治、克制、批评、忧虑。第二个"病"，意指缺点、毛病、瑕疵。此句意为：只有认知明白了"强不知以为知"的心理病态，而竭尽全力戒除掉这种虚荣心，拔除掉"不懂装懂"的病根，恪除自我"病"态，才不会有心病的障碍。④圣人不病，以其病病，是以不病：意指圣人没有不知强为知之病，因为他常以此病为病，常能悯苦众人有此病，有此病而非行道之人，所以他没有此病。圣人洞悉万物，无所不知，虚怀若谷，唯道是从，想要教化天下无知之人，使其除去"不知以为知"之病，变得质朴纯净，各守其正，复归本性之明。河上公章句："圣人无此强知之病者，以其常苦众人有此病，以此苦非人，故不自病。夫圣人通达之知，托于不知者，欲使天下质朴忠正，各守纯性。小人不知道意，而妄行强知之事以自显著，内伤精神，减寿消年也。"

【译文】具有真知，藏知于内而真知不露，大智若愚，是谓上德之人。不知却言知，不懂装懂，即强不知以为知，这就是一种心理病态。只有认知明了"强不知以为知"的心理病态，而竭尽全力戒除掉这种虚荣心，拔除"不懂装懂"的病根，恪除自我"病"态，才不会有心病的障碍。圣人没有不知强为知之病，因为他常以此病为病，常能悯苦众人有此病，有此病而非行道之人，所以他没有此病。

第七十二章

【题解】本章经旨，是圣人老子以畏自然因果规律之威，教导天下后世，使世人既知天地的至善至仁，同时又知天道自然法则的无私大威。以此立心制行，则无往而不善，因此以"畏威"而阐述言论。

"祸福无门，惟人自召。善恶相报，如影随形。"一个人，如果追名逐利，肆无忌惮，为所欲为，必然会损性而耗命。一个人，如果清静无为，无私无欲，不违天道仁善，必然会本体光明，自性彰显，天真独露，正气浩然，自然获得天人相助，无灾无厄，而福善吉祥。

一个人若能明知自爱心身，能知性命真义，便能生而"不厌"，居而"不狭"。时时敬畏自然法则，"大威"不至，自心之天理，就能贯穿于万事万物之中。

民不畏威，则大威至①。无狎其所居②，无厌其所生③。夫唯不厌，是以不厌④。是以圣人自知不自见⑤，自爱不自贵⑥。故去彼取此⑦。

【注释】①民不畏威，则大威至：威，即威严、畏惧之意。大威，指大自然的威力。喻指因不遵循大自然的因果规律，而遭到大自然的惩罚，招致疾病、灾祸、死亡等天灾人祸的恶报。此句意为：百姓如果不能做到举心动念，戒慎不睹，恐惧不闻，隐微不显，遏人欲于未萌，不敬畏天威，而肆无忌惮，恣情纵欲，为所欲为，就会招致大自然的报复而自食其果。河上公章句："威，害也。人不畏小害则大害至。大害者，谓死亡也。畏之者当爱精养神，承天顺地也。"②无狎其所居："狎"，一作"狭"，此处用作动词。居，指心之居所。此句意为：心为神之居所，一个人要做到心胸宽阔，以浩气临事，以宽容纳物，心神才能安居其所，主宰人体生命。如果有了私心，心中神性的居所必然狭窄。如此行事必然自私自利，自我放纵，而本来的觉性被蒙蔽而不能彰显。河上公章句："谓心居神，当宽柔，不当急狭也。"③无厌其所生：厌，厌弃之意。此句意为：一个人如果饮食不节，邪念满腹，背道迷色，损精耗气，恣情纵欲，就不能使其心神清净而神清气爽，如此便是伤害本性，壅蔽性灵，掘断灵根，削骨伐髓，自戕身命。河上公章句："人所以生者，以有精神。精神托虚空，喜清静，若饮食不节，忽道念色，邪僻满腹，为伐本厌神也。"④夫唯不厌，是以不厌：夫唯，作承上启下解。第一个"不厌"即不餍饱、不满足之意。第二个"不厌"指厌弃、离弃解。此句意为：世间唯有不厌弃道德精神的人，才能洗心濯（zhuó）垢，恬淡无欲，心地清静，如此方能心神安定，稳居于人身之所，其精神才能不离弃于心。河上公章句："夫惟独不厌精神之人，洗心濯垢，恬泊无欲，则精神居之而不厌也。"⑤自知不自见：指对以上几句经文的总结和归纳。意指圣人有自知之明，知己之得失。德充天地，却从不炫耀自己，从不自显其德，而是德美藏之于内。河上公章句："自知己之得失，不自显见德美于外，而藏之于内。"⑥自爱不自贵：自爱，即自爱心身，洗心养性，涵养道德。不自贵，是指圣人虽自爱性命，自尊自重，但却不自以为贵，心与道德同体，身与众生万物同尘，无有高低贵贱之分。河上公章句："自爱其身以保精气，不自贵高荣名于世。"⑦去彼取此：指去彼"自见自贵"，取此"自知自爱"。意为要弃去"自见""自贵"之偏，而取其"自知""自爱"之正。能除其"彼"者，则不以聪明炫于外，不以矜高傲于人。能取其"此"，则能无物不格，无妄不除。

【译文】百姓如果不能做到举心动念，谨慎戒惧遏人欲于未萌，不敬畏天威，而肆无忌惮，恣情纵欲，为所欲为，就会招致大自然的报复而自食其果。心为神之居所，一个人如果有了私心，心中神性的居所必然狭窄。如此行事就会自私自利，自我放纵，而本来的觉性自会障蔽不明。只有做到清净无欲，心胸宽阔，以浩气临事，以宽容纳物，心神才能安居其所，主宰人体生命。倘若饮食不节，邪念满腹，背道迷色，损精耗气，恣情纵欲，就不能使其心神清净而神清气爽，如此便是伤害本性，壅蔽性灵，掘断灵根，削骨伐髓，自戕身命。唯有不厌弃道德精神的人，才能洗心濯垢，恬淡无欲，心地清静，而心神安定地稳居于人身之所，其精神才能不离弃于心。

所以圣人有自知之明，知己之得失。德满天地，却从不炫耀自己，从不自显其德，而是德美藏之于内。虽自爱性命，自尊自重，但却不自以为贵，心与道德同体，身与众生万物同尘，无有高低贵贱之分。弃去"自见""自贵"之偏，而取其"自知""自爱"之正。

第七十三章

【题解】本章经旨，与第二十五、七十六章一样，都是在阐述天道之理。而本章重在论天道无为而无不为，以明示天道规律，使天下后世明白天道之理，以救世人之愚昧。

天道者，乃圣人之体；圣人者，乃天道之用。天以无为而施化万物，万物莫不效法天道规律，而行无为之道。圣人以无心教化天下众生，万物莫不遂顺于圣人。

天下之道，以柔为用，以德为贵。惟有无为者才能胜物。凡是有欲而为者，都是取败之路。在天道面前，顺之者昌，逆之者亡；善有善报，恶有恶报，永恒不易。不言而善应，不召而自来，一切吉凶祸福，皆是各人的自作自受，不依人的主观意志为转移。因此，人应当效法天道自然，知勇而谦退，修善而去恶，以柔弱胜刚强，以静定去制动。如此方可转祸为福，与道同心同体。

勇于敢则杀^①，勇于不敢则活^②。此两者，或利或害^③。天之所恶，孰知其故^④？是以圣人犹难之^⑤。天之道，不争而善胜^⑥，不言而善应^⑦，不召而自来^⑧，繟然而善谋^⑨。天网恢

恢，疏而不失^⑩。

【注释】①勇于敢则杀：勇，指果敢当先。敢，即果敢、勇敢，不虞不惧之意。此句意为：用刚逞强，横暴莽撞，缺乏天良理智，少有智谋策略，不讲仁善道德，法网敢撞，不顾忌一切，敢于铤而走险，必然招致杀身之祸。②勇于不敢则活：意指有德之人，柔弱谦下，体恤生灵，常怀仁慈孝敬之心；审时度世，明于盛衰之道；探知深浅，通达成败之数；审慎世俗轻重，不轻举妄动；明白去就之理，不争强斗胜，心怀天下，公而无私，见义勇为，无私奉献，即使身命虽死，而精神永存。③此两者，或利或害：两者，指"敢"与"不敢"。此句意为"敢"与"不敢"，有的能审时识机，明理知法，知进知退，有勇有谋，不作无谓牺牲。有的却缺乏机谋，丧失理智，刚强猛烈，鲁莽蛮干，逞强斗胜，争名夺利，为私怀恶，丧尽天良，胡作非为，害人害己，灾祸难免。④天之所恶，孰知其故：恶，即憎恨、厌恶之意。孰，谁。此句意为：上天有好生之德，万物有惜命之情，人类有趋利避害之心，天下之人都厌恶勇于恃强、横暴不仁的不良行为。谁能通达"勇于敢"与"勇于不敢"的辩证真义，明了"杀"与"活"的隐微机理呢？因为对天道茫然无知，所以才会常常存有侥幸的心理。⑤是以圣人犹难之：此句可见于六十三章。意指圣人做事，审慎戒惧，即使可以直行无害，临事也会迟疑审顾，力求事事善始善终，不敢有丝毫的轻忽懈怠。河上公章句："言圣人之明德犹难于勇敢，况无圣人之德而欲行之乎？"⑥天之道，不争而善胜：天之道，指自然规律。此句意指：天道无为，一切顺从自然规律，无声无息，无欲无求，无争无辩，从不争强好胜，但却能无往而不胜。天不与人争贵贱，而人却敬畏之；天不与物争利，万物却无不顺天而化。⑦不言而善应：指天道从不以言语使令万物，但天下万物却无不顺时而生，无不感时而变。春夏秋冬，四时顺序，毫厘不差；日月交替，万物顺行，有生有息，循环不已。万物皆自应天时，没有违逆天令者。此皆是天道无声之应，天道不言之善。⑧不召而自来：意指上天并没有召唤，没有发号施令，也没有以力驱使，但天下寒暑交替，昼夜往来，应时而至，从不迟误，分秒不差。万物皆负阴而抱阳，各含阴阳而生，各顺天道而行。天虽不召，天下万物无不自应。来去自然，各遂其性，各行其道，无有违逆，毫无造作，都是自然而然。⑨繟然而善谋：繟，音(chǎn)。繟然，意为不急不燥，宽厚而平缓的样子。此句意为：天道既无所不容，又平易而缓行，造化万物，各成其象，各遂其性，无不周全，无为而玄妙，博大而善谋。河上公章句："繟，宽也。天道虽宽博，善谋虑人事，修善行恶，各蒙其报也。"⑩天网恢恢，疏而不失：天网，喻指自然规律。恢恢，形容宽阔、广大的样子。此句意为：天道规律恢宏浩大，犹如一张偌大的网，恢恢甚弘，虽疏而密，其司察善恶，毫厘不差；因缘果报，丝毫不爽。天地万物，概莫能外，违者难逃。

【译文】用刚逞强，横暴莽撞，不讲仁善道德，不顾忌一切，必然招致杀身之祸。柔弱谦下，体恤生灵，审时度世，审慎世俗轻重，明白去就之理，心怀天下，公而无私，即使身命虽死，而精神永存。

"敢"与"不敢"，有的能审时识机，明理知法，知进知退，有勇有谋，不作无谓牺牲。有的丧失理智，鲁莽蛮干，逞强斗胜，为私怀恶，胡作非为，害人害己。

上天有好生之德，万物有惜命之情，人类有趋利避害之心，天下之人都厌恶勇于恃强、横暴不仁的不良行为。谁能通达"勇于敢"与"勇于不敢"的辩证真义，明了"杀"与"活"的隐微机理呢？圣人做事，审慎戒惧，即使直行无害，临事也会迟疑审顾，力求事事善始善终，不敢有丝毫的轻忽懈怠。

天道无为，一切顺从自然规律，从不争强好胜，但却能无往而不胜；天道从不以言语使令万物，但天下万物却无不顺时而生，无不感时而变。万物皆自应天时，没有违逆天令者；天道虽然没有召唤，没有发号施令，也没有以力驱使，但天下万物无不自应，各遂其性，各行其道，无有违逆，毫无造作，都是自然而然。天道既无所不容，又平易而缓行，造化万物，各成其象，各遂其性，无不周全，无为而玄妙，博大而善谋。

天道规律恢宏浩大，犹如一张偌大的网，恢恢甚弘，虽疏而密，其司察善恶，毫厘不差；因缘果报，丝毫不爽。天地万物，一概不能除外，违者难逃。

第七十四章

【题解】本章宗旨，在于教化世人要以德为本，立道德以教化，以天理恪私心。无论治国、治家、治身，不可主次颠倒，不可舍本逐末。罚之以刑，不如教之以理；杀之其身，不如化之其心，正如至圣孔子所言："道之以政，齐之以刑，民免而无耻；道之以德，齐之以礼，有耻且格。"以道德化人心，民心自归于正；以酷刑杀人身，民众死而不惧。

圣君治理天下，以道化世，以德泽民。至后世逐渐道衰德薄，教化不明，世风日下，人心蒙昧，行凶作恶，胡作非为。君主不明教化之本，不知以德化民，而施行苛政和酷刑，滥杀百姓，压制民众，徒害身命而难治其心，最终导致"不畏死"的亡命之徒。君主不能以道治天下，而以刑戮代天之威，犹如拙工代大匠砍木，如果把握不好，没有不伤及手脚的。

圣人老子悲悯世人愚昧，感叹君主无道，详尽地阐述了治世之理，以希冀天下后世挽回人心，重归道治。

民不畏死，奈何以死惧之^①？若使民常畏死^②而为奇者，

吾得执而杀之，孰敢③？常有司杀者杀④。夫代司杀者杀，是谓代大匠斫⑤。夫代大匠斫者，希有不伤其手矣⑥。

【注释】①民不畏死，奈何以死惧之：奈何，怎么，为何。意指百姓不畏惧死亡，为什么要用杀头亡命的酷刑来威胁恐吓他们呢？②若使民常畏死：倘若能使百姓懂得因果自然规律之威，知道死亡可畏，不敢违天欺道，从而改恶从善。如此，民风自然浑厚，天下自然平安。③而为奇者，吾得执而杀之，孰敢：奇，奇异、反常。为奇指为邪作恶的人。意指对那些罪大恶极者处以杀头极刑，杀一儆百，以杀止杀，使穷凶极恶者不敢再去为恶。那么，谁还敢出来作恶呢？④常有司杀者杀：意指天网恢宏，居高临下，设有专持司察世人善恶的机构。对善者施以福，对恶者罚以罪，准确无误，真实不虚。⑤夫代司杀者杀，是谓代大匠斫：斫，音zhuó，即用刀斧砍木。意指君王若专权越位，代替为臣者执杀，越俎(zǔ)代庖(páo)，朝政失序，纲常紊乱，必然会祸国殃民。⑥夫代大匠斫者，希有不伤其手矣：指君主以刑戮代天之威，就会像拙夫代替木匠伐木制器一样，如果把握不好，没有不伤害自己手脚的。

【译文】百姓不畏惧死亡，为什么要用杀头亡命的酷刑来威胁恐吓他们呢？倘若百姓知法明理，安分守己，都知道死亡可畏，而不敢违天欺道。对那些罪大恶极者处以杀头极刑，杀一儆百，以杀止杀，谁还敢出来作恶呢？天网恢宏，居高临下，自然规律，真实不虚，世人善恶果报，丝毫不爽。君王若专权越位，代替为臣者执杀，越俎代庖，以刑戮代天之威，就会像拙夫代替木匠伐木制器一样，如果把握不好，没有不伤害自己手脚的。

第七十五章

【题解】本章与七十二章、七十四章以及七十七章所阐述之理相似，都是对统治者昏庸无道的警告和惋惜。

圣人治世，以道为尊，以德为贵，无事而民自富，无欲而民自朴，无为而民自化，好静而民自立，自是天下熙熙，安和太平。而今，为政者贪求多欲，妄施妄为，导致民不聊生，从而上行下效，民心搅乱，厚生重欲，天下纷纷，无有宁日。

人们往往贪求厚生而纵欲轻死，往往求生太厚，适得其反，偏重于命，反害德性。缘木求鱼，南辕北辙，致使性命皆丢，一损俱损，终落空亡。

为之治世，圣人老子教导为政者以道治世，以德化民，普天同化，咸乐康宁；为之修身，圣人老子教导天下后世清静无为，寡欲知足，返观内照，长生久视。

民之饥，以其上食税之多，是以饥①。民之难治，以其上之有为，是以难治②。民之轻死，以其求生之厚，是以轻死③。夫唯无以生为者，是贤于贵生④。

【注释】①民之饥，以其上食税之多，是以饥：食税，享受税赋，靠赋税而生活。此句意为：百姓之所以会遭受饥荒，是因为在上的君王骄奢淫逸、贪求多欲，横征暴敛，搜刮民脂，而导致百姓穷困潦倒，民不聊生。②民之难治，以其上之有为，是以难治：有为，指统治者贪求多欲，妄施妄为。此句意为：百姓之所以会难以治理，是因为在上的君王贪求多欲、任意妄为，而导致民心离散，令行不止。③民之轻死，以其求生之厚，是以轻死：轻死，不怕死。轻，轻视。此句意为：世人之所以会自戕身命，是因为过度地贪求纵欲，极尽声色耳目之乐，以致气血枯竭，疾病缠身，性命分离，终落空亡。本来想享受人生，反而落入苦中。④夫唯无以生为者，是贤于贵生：无以生为者，指不为欲望、享受所驱使的人。贵生，指贪图享受、厚养生命。贵，重视、看重。此句意为：只有清净无为，无欲无求，涵养心性，积功累德，才是真正的厚生、贵生、长生之道。河上公章句："夫唯独无以生为务者，爵禄不干于意，财利不入于身，天子不得臣，诸侯不得使，则贤于贵生也。"

【译文】百姓之所以会遭受饥荒，是因为在上的君王骄奢淫逸、贪求多欲、横征暴敛、搜刮民脂，而导致百姓穷困潦倒，民不聊生。百姓之所以难以治理，是因为在上的君王贪求多欲、任意妄为，而导致民心离散，令行不止。世人之所以会自残其生，自损身命，是因为过度地贪求纵欲，极尽声色耳目之乐，以致气血枯竭，疾病缠身，性命分离，终落空亡。本来想享受人生，反而落入苦生。

只有清净无为，无欲无求，涵养心性，积功累德，才是真正的厚生、贵生、长生之道。

第七十六章

【题解】老子向来主张贵柔、处弱，本章要旨，亦在说明这样一种观点。本章以人物草木的生死，引喻天下万物之理。以用兵之事，引喻天下万事之用。意在示天下人"以柔为道"。

圣人老子谆谆教诲，苦心劝世，深以坚强为戒，以柔弱为贵，以柔弱为大道之体，以柔弱为大道之用。

在本章中，他反复用有形之物、有为之事作比喻，来反衬大道之理。草木以坚强而死，以柔弱而生，由此理去体悟无形之道，体察柔弱胜刚强之理。不但兵骄必败，木强则伐，物刚易折等为自然之理，世间万物莫不如此。

人生在世，不可逞强斗胜，而应柔顺谦虚，涵养心性，修养柔弱之道。

人之生也柔弱，其死也坚强①。万物草木之生也柔脆，其死也枯槁②。故坚强者死之徒，柔弱者生之徒③。是以兵强则不胜，木强则共④。强大处下，柔弱处上⑤。

【注释】①人之生也柔弱，其死也坚强：意指人活着的时候，真气充盈，筋骨柔软，身体灵活，屈伸自如，而人死后，却筋骨坚硬，身体挺直。②万物草木之生也柔脆，其死也枯槁：柔脆，形容草木柔软脆弱。枯槁，形容草木干枯，枯萎。意指草木萌生之初，得阴阳中和之气的滋养，质地柔软脆弱，生机昂然，朝气蓬勃。当草木开花结果之后，终而枯朽死亡。③故坚强者死之徒，柔弱者生之徒：指天下万物，凡是强盛坚硬者，必然过刚易折，和气易散，此皆是取死之类。天下万物，凡是柔软弱小者，故能和气常聚，生机勃勃，长久不坏，此皆是取生之类。④是以兵强则不胜，木强则共：共，即拱，一作"兵"，折断、被砍伐之意。意指用兵若贪杀逞强，不得人心，失道寡助，终究必取败亡。树木高大粗壮之时，就会致密坚硬，就容易折断枯朽。⑤强大处下，柔弱处上：凡是坚强之物，失去中和之气，生气不足，死气渐旺，故而走向下坡路，所以附之于下。凡是柔弱之物，中和滋息、生气旺盛，故而居于上位。河上公章句："与物造功，大木处下，小物处上。天道抑强扶弱，自然之效。"

【译文】人活着的时候，真气充盈，筋骨柔软，身体灵活，屈伸自如，而人死后，却筋骨坚硬，身体挺直。草木萌生之初，质地柔软脆弱，生机昂然，朝气蓬勃。而草木开花结果之后，终而枯朽死亡。天下万物，凡是强盛坚硬者，和气易散，过刚易折，都是取死之类。天下万物，凡是柔软弱小者，生机勃勃，长久不坏，都是取生之类。

用兵若贪杀逞强，不得人心，失道寡助，终究必取败亡。树木高大粗壮之时，就会致密坚硬，容易折断枯朽。凡是坚强之物，失去中和之气，生气不足，死气渐旺，故而附之于下。凡是柔弱之物，中和滋息，生气旺盛，故而居于上位。

第七十七章

【题解】本章是承接上一章"柔弱处下，强大处上"之意，继续阐发天道之理。

天道的自然平衡法则为至公至平、无私无为、大中至正、平正通达、无党无偏、常执中道。人道当效法天道，以谦德为法，为而不恃，功成不居，生而不有。然而世人之心多不平，贪心过强，损性害命，自我摧残。因此圣人老子悲悯世人不晓天道之理，不明道德之义，故以天道示之，意在挽救后世人心。

天之道，其犹张弓与①! 高者抑之，下者举之②；有余者损之，不足者补之③。天之道，损有余而补不足④。人之道，则不然，损不足以奉有余⑤。孰能有余以奉天下，唯有道者⑥。是以圣人为而不恃⑦，功成而不处⑧，其不欲见贤⑨!

【注释】①天之道，其犹张弓与：张，即张开，拉开之意。意指天道的运行，就像拉弓射箭一样，有动有静，有张有弛，有阴有阳。②高者抑之，下者举之：以张弓射箭之理喻天道法则，张弓射箭，偏高时就前臂下压，箭身下落；偏低时就前臂上提，箭身上调，皆以靶中为目标。③有余者损之，不足者补之：损，即去除、失去之意。与，给与、补充之意。此句意为：天道就如同张弓射靶一样，以圆心为轴，以核心为靶，上下校正，左右调理，舍去多余的而填补空缺的，使之不偏离中心，以合自然大道。④天之道，损有余而补不足：天道至公至正，不偏不倚，常执中道，多余的则损去来弥补不足之处，以复归中心，回归本源。以此法则，来维持宇宙间的生态平衡，维护天地万物的有序化运转。⑤人之道，则不然，损不足以奉有余：意指人心多私欲妄念，正与天道相反，多是损人而利己，损公而肥私，损贫以奉富，夺弱而益强。⑥孰能有余以奉天下，唯有道者：意指唯有天下有道的圣人能不遗余力，把一切都奉献给天下众生。⑦为而不恃：有利于一切的作为却不倚仗它，不扬名，不夸功，不图报。⑧功成而不处：为天下众生谋福利，恩德深厚，功业成就了却又不自居其功。⑨其不欲见贤：不想显现自己的贤能，炫耀自己的功德。

【译文】天道的运行，就像拉弓射箭一样，有动有静，有张有弛。弦拉得偏高时，就压低一些，偏低时就抬高一些，过满时就放松一些，过少时就拉紧一些。天道的规律就是减少有余的补给不足的，而社会的法则却是损去不足的奉献多余的。唯有天下有道的圣人能不遗余力地把一切都奉献给天下众生。因此有道的圣人有利于一切的作为却不倚仗它，功业成就了却又不自居其功，他不欲显现自己的贤能，炫耀自己的功德。

第七十八章

【题解】本章取喻于水性,重申柔弱胜刚强的大道之理,与第八章所阐发之理一脉相承,是第八章的继续和发展。本章又引用圣人之言,以阐明其意,意在教导劝诫世人认知柔弱之道。

守柔是做人修道的总原则,"上善若水",我们应当学习水德,体认大道。

天下莫柔弱于水①,而攻坚强者,莫之能胜②,其无以易之③。弱之胜强,柔之胜刚④,天下莫不知,莫能行⑤。是以圣人云:"受国之垢,是谓社稷主⑥;受国不祥,是谓天下王⑦。"正言若反⑧。

【注释】①天下莫柔弱于水:意指天下万物,没有比水的质性更柔弱的。河上公章句:"圆中则圆,方中则方,壅之则止,决之则行。"②而攻坚强者,莫之能胜:在攻克坚强的物质时,没有任何一物能够超过水。河上公章句:"水能怀山襄陵,磨铁消铜,莫能胜水而成功也。"③其无以易之:易,替代、取代。此句意指:水的至柔特性,及其能攻克坚强之理,是不可改变的永恒真理。没有任何一物能替代它。④弱之胜强，柔之胜刚：即柔弱能胜刚强之意。⑤天下莫不知，莫能行：人人都知道，但却做不到。⑥受国之垢，是谓社稷主：垢，即污垢、耻辱之事。社稷，指古代帝王、诸侯所祭祀的土地神和谷神，以后被用作国家的代名词。此句意指：当国家出现被侵受辱，内忧外患；或遇灾害祸乱，社会不宁；或人民贫苦，怨声四起等不良现象时，国家蒙受尘垢，君主应当引以自咎，反省自责，不怨天尤人，不推卸罪责，这才是为君主者应有的德性。河上公章句："人君能受国之垢浊者，若江海不逆小流，则能长保其社稷，为一国君主也。"成汤曰："朕躬有罪，无以万方；万方有罪，罪在朕躬。"⑦受国不祥，是谓天下王：不祥，灾难，祸害。此句意谓：能够承受住国家的灾难，诸如旱涝灾害、山崩地震、瘟疫蝗害、百姓饥荒、民心离怨，乃至草木为妖，禽鱼为孽等等不祥之事，君主不怨天地、不责于人，反躬自省，代民受不祥祸殃之过，以己之善，唤民之善；以己之诚，感天地万物之心。才能得天下人所拥戴，得万物所向往，而成为天下人的共主。河上公章句："人君能引过自与，代民受不祥之殃，则可以王天下。"武王曰："受克予，非朕文考有罪，惟予小子无良。"⑧正言若反：即合乎大道的至理真言，说起来世人愚昧不知，好像反语一样。

【译文】天下万物，没有什么比水更柔弱了，而攻坚克强没有什么东西能够胜过水，没有什么东西能够替代它。

柔弱能胜刚强，遍天下人人都知道，但人人却都做不到。

所以有道的圣人说到："蒙受国家的尘垢侮辱，引以自咎，反省自责，不怨天尤人，不推卸罪责，才是国家君主应有的德性；承受国家的灾祸不祥，反躬自省，罪己恕人，至善化民，至诚感天，才能成为天下人的共主。"合乎大道的至理真言，说起来好像反语一样。

第七十九章

【题解】本章承接上一章"受垢""受不祥"，而重申要做到"无我""不争"之难。老子取喻于"和大怨"以明示"有为"之难以处理。

老子以执左契为喻，旨在劝谕世人要复归先天，以无驭有，处世应物，浑然为一。

道在无为，道法自然。圣人对于万物，顺逆皆无心，既来即受，受而无心；既去不留，不求不怨。来者不见其有怨，给者不自以为有德，德怨两忘，物我浑化，此便是"物我不争"之德。

弱之胜强，柔之胜刚，损有余而补不足，天道自然，至公至平，无亲无疏，却常常护佑有善德之人。

和大怨，必有余怨①。安可以为善？是以圣人执左契，而不责于人②。有德司契，无德司彻③，天道无亲，常与善人④。

【注释】①和大怨，必有余怨：余怨，遗留于心中的怨恨。意指去化解所结下的仇怨，化干戈为玉帛，使矛盾趋于和解，仇怨只是暂时得到了平息，而不能从根源上彻底感化，还会心有余怨。②执左契，而不责于人：契，契约。古代借贷财物时所用的契券，竹木制成，劈为两片。左片叫左契，刻着负债人姓名，由债权人保存；右片叫右契，刻着债权人的姓名，由负债人保存。索物还物时，以两契相合为凭据。责，责令、要求。此句意为：我处于先天无为之位，寂静不动，以先天德性去合人，不责求于人。③有德司契，无德司彻：司，主管、执掌。彻，即车行过后所留下的车轮痕迹。一说为周代的取税之法，指官府按时收取税赋，没有商量的余地。本书依从前者作解。此句意为：有道的圣人处世应物，不为物转，以静处俗，无心待物，以物付物，不求合而人自合，德心无为而民自化，犹如保存着借据的左契，等待来人合契一样；无道之人不能以无心无为去待人应物，只能用私心有为去行事做德，求合于人与物，犹如车轮求合于路辙一样。④天道无亲，常与善人：与，即赞许、援助、给与、佑助之意。意指天道至公至平，无亲无疏，对万物众生皆一视同仁，没有偏私。但却常在不知不觉中，默默地帮助、护佑有善德之人。

【译文】和解深重的怨恨，不能从根源上彻底感化，心中还会存有余怨。这怎么能说是妥善的解决了怨恨呢？

因此，有道的圣人如同保留着借据的存根一样，处于先天无为之位，寂静不动，以先天德性去合人，而不责求强迫于别人。有德的圣人处世应物，不为物转，以静处俗，无心待物，以物付物，不求合而人自合，德心无为而民自化，犹如持着借据等待来人对合一样；无道之人不能以无心无为去待人应物，只能用私心有为去行事做德，严厉苛刻，求合于人与物，犹如车轮求合于路辙一样。

天道至公至平，无亲无疏，对万物众生都一视同仁，无偏无私。但却常在不知不觉中，默默地帮助、护佑有善德之人。

第八十章

【题解】本章经旨，重在阐述不远徙，不外求，不贪物，安于自然无为，享受自然无事的大自在之境。老子骑青牛西隐而去，函谷关遇尹喜，著《道德经》五千余言，大道茫茫，包括乾坤。经中想象设言，描绘了一幅充满田园气息的农村欢乐图。

圣人老子观想今之人心，怀念古人淳朴之德，以此"小国寡民"的理想，追述复归羲皇上古无为至治的社会，然而列国纷争，人心扰攘，大道愈乖，道德日下，已然不可复返。

其旨还在于以此言昭示天下，寄托天下后世：

即使处于一个人欲、物欲横流的社会，也要修身立德，省察克制，少私寡欲，返观内照，身在红尘，心超世外，在尘离尘，在境离境，无私无欲，无染无着，入于道德之乡，居于清静净土，做一个通达明了的圣者，挽救世道人心，普利天下苍生，使之同归大道，复合本源。

小国寡民，使有什伯之器而不用①。使民重死而不远徙②。虽有舟舆，无所乘之③；虽有甲兵，无所陈之④。使民复结绳而用之⑤。甘其食，美其服⑥，安其居，乐其俗⑦。邻国相望，鸡犬之声相闻⑧，民至老死，不相往来⑨。

【注释】①小国寡民，使有什伯之器而不用：寡，少。使，即使。什伯之器，指十倍或百倍于人力的功效器械。此句意为：上古时期，部落群居，即使有十倍或百倍于人力的功效器械，也都弃置不用。②使民重死而不远徙：重死，即爱惜生命、看重死亡之意。徙：迁移、远走。此句意为：圣君为民兴利除害，使百姓各得其所，各顺其性，知足常乐，珍重生命，安居乐业，无忧无虑，心神静定，心处无为，不看重身外之物，不求取物欲之好，不会长途跋涉迁徙他乡。③虽有舟舆，无所乘之：舟舆，指舟船、车舆等高效的器械。意指圣君以道治国，以德化民，百姓无烦令之扰，无苛税之忧，丰衣足食，安居乐业，心清性定，过着安闲自在的生活，不为身外之物所诱惑。即使交通十分便利，拥有舟船、车舆等许多高效的交通工具，也不会离弃家乡奔波远徙。④虽有甲兵，无所陈之：陈，排列、摆开。意指圣王无为而治，大道弘开，国运昌盛，百姓安居乐业，各守本分，社会安宁，天下安和，即使拥有强大的武力，也无须陈兵自卫。⑤使民复结绳而用之：结绳，即文字产生以前，古代记事的一种形式。意指使人们重新恢复到像结绳记事之时，那种淳朴率直、真诚无邪、纯洁笃实的上古生活。⑥甘其食，美其服：指上古先民无私欲邪念，无巧心欺诈，古朴淳厚，善良诚实，俭朴淡泊，少私寡欲，耕作而食，凿井而饮，自食其力，不图奢华，不追求异物，不贪享厚味。一日三餐，以五谷蔬菜为饱，以粗茶淡饭为香；以布衣御寒，以葛麻防暑。不求华丽锦绣，不贪金银财宝，不远徙猎取华丽之饰，过着悠然自在的美好生活，没有过多的非分之想。⑦安其居，乐其俗：指凿户牖为居室，可遮风挡雨，可安身而居。不求豪华广厦，不贪图高床奢具，即使茅屋草庵，陈设简陋，却安贫乐道，自在无忧，心中无欲无求，安享自然无为之乐，安然过着简朴而充实的自在生活。⑧邻国相望，鸡犬之声相闻：指两国相距很近, 抬眼即可望见, 连鸡鸣狗吠之声, 都可以听到。蕴含着天下太平, 两国和平共处, 即使边界相邻, 百姓都相安无事, 互不相扰, 和睦相处。⑨民至老死, 不相往来: 意指上古先民, 内养天真本性, 心无驰骋外求, 百姓安居乐业, 亲如一家, 心息相依, 德善交融, 无内外之别, 无人我之分, 安居乐土, 生活自在, 身不远徙, 心不外驰, 无人离开故乡, 而奔波异国他乡。

【译文】上古时期, 部落群居, 即使有十倍或百倍于人力的功效器械, 也都弃置不用。圣君为民兴利除害, 使百姓各得其所, 各顺其性, 知足常乐, 珍重生命, 无忧无虑, 心神静定, 心处无为, 不看重身外之物, 不求取物欲之好, 不会长途跋涉迁徙他乡。百姓无烦令之扰, 无苛税之忧, 丰衣足食, 安居乐业, 过着安闲自在的生活。即使交通十分便利, 有舟船、车舆可以乘坐, 也不会离弃家乡奔波远徙。百姓安居乐业, 各守本分, 社会安宁, 天下安和, 即使拥有强大的武力, 也无须陈兵自卫。

使人们重新恢复到像结绳记事之时, 那种淳朴率直、真诚无邪、纯洁笃实的上古生活。百姓无私欲邪念, 无巧心欺诈, 古朴淳厚, 善良诚实, 俭朴淡泊, 少私寡欲, 耕作而食, 凿井而饮, 自食其力, 不图奢华, 不追求异物, 不贪享厚味。一日三餐, 以五谷蔬菜为饱, 以粗茶淡饭为香; 以布衣御寒, 以葛麻防暑。不求华丽锦绣, 不贪金银财宝, 不远徙猎取华丽之饰, 过着悠然自在的美好生活, 没有过多的非分之想。凿户牖为居室, 可遮风挡雨, 可安身而居。不求豪华广厦, 不贪图高床奢具, 即使茅屋草庵, 陈设简陋, 却安贫乐道, 自在无忧, 心中无欲无求, 安享自然无为之乐, 安然过着简朴而充实的自在生活。

国与国之间相距很近, 抬眼即可望见, 连鸡鸣狗吠之声, 都可以听到。然而, 百姓却相安无事, 互不相扰, 人人都内养天真本性, 心不驰骋外求, 安居乐业, 亲如一家, 心息相依, 德善交融, 身不远徙, 心不外驰, 无内外之别, 无人我之分, 安居乐土, 生活自在, 无人离开故乡, 而奔波异国他乡。

第八十一章

【题解】大道不言，自在人心，修与不修，各自随心。道本无言，非言莫显，圣人老子苦口婆心，慈心悲悯，为了教导世人明道，不得已而言说。著留《道德经》五千余言，字字珠玑，句句真谛。经本难明，非明莫得，世人可由此得道味之甘，受德言之美，穷万物之理而无不至。

本章为《道德经》的终结，采用了与九章、十章、十五章、二十章、三十三章、四十五章、六十四章、七十六章相类似的格言警句的形式。旨在告诫世人：立言很容易，能够从言中悟道、明道、得道却很难，若是能洞明道义，躬行大道更是难上加难。

圣人老子提出了美与信、善与辩、知与博的矛盾，涉及到真假、善恶、美丑等对立统一的朴素辩证法。其目的在于告诫世人，不可以虚言伪语夸夸其谈，不可以见闻觉知争强好辩，不可以广知博学争能夺誉。

"信言不美"，言多朴实，美在本质，故不美；"善者不辩"，德善明理，善在淳朴，故不辩；"知者不博"，绝学忘言，贵在极一，故不博；"己愈有"者，人心所尊，天下归德；"己愈多"者，物欲所归，大德雨厚；"利而不害"，道动而生成物；"为而不争"万物各顺其性。

圣人老子言而无言，为而无为，阐明圣人之德，通达天道之理，大道广化，普利群伦。

信言不美，美言不信①。善者不辩，辩者不善②。知者不博，博者不知③。圣人不积④，既以为人己愈有⑤，既以与人己愈多⑥。天之道，利而不害⑦；圣人之道，为而不争⑧。

【注释】①信言不美，美言不信：信言，诚实无欺之言。美言，浮华虚伪之言。此句意为：凡是诚实之言，句句真实，句句质朴，没有虚伪粉饰，没有投其所好，言之有物，言之有理，言行一致。凡是浮华虚伪之言，皆是投人所好，美言悦人，巧舌如簧，虚诞无凭，言而无信。②善者不辩，辩者不善：辩，巧辩、能说会道。意指有道之人，谦德自养，含光内敛，言无彩文饰华，句句真实不虚，言语合于天道真理，通达尘俗人事，不与人争，不逞言辩。而无道之人，却心中空虚，正气不足，真理不明，缺乏德性涵养，自作聪明，口巧舌辩，夸夸其谈，以逞其能。③知者不博，博者不知：知者，即真智真慧，洞明宇宙人生的真理者。博者，指多闻博知，博览群书，博古通今。此句意为：了悟宇宙人生真谛的大智慧者，含光内敛，厚德贵藏，明觉四达，洞晓阴阳，守元抱一，专心致静，绝学无忧，绝圣弃智。博古通今的才学之士，记诵词章，多闻博知，却徒知表象，不悟实理，囿于大千世界有形有色的万千事物，却不能穷尽万事万物的根本真理，洞达宇宙人生的玄妙大道。④圣人不积：积，蓄藏，积存。意指有道的圣人，不积其功以自伐，不蓄其财以自贤。无私无欲，积德不积财，有德以教愚，有财以济人。⑤既以为人己愈有：既，即尽到、完全之意。指圣人以己有之财尽施于人；将自己之知，变为众人之知；以己之德，化为众人之德；以己之有，为人之有。人得我之有，而人亦有，而我更有。我之德化于人，人人有德必益于我，则我之德愈多，一人之德化为天下之德。⑥既以与人己愈多：意指在无心无为的心态下，以己之财物施舍于人，以己之德化于人，人得我之愈多，则我之德愈厚，而人之得愈多，多与多相勉，则多必共进，两相受益。河上公章句："既以财贿布施与人，而财益多，如日月之光，无有尽时。"⑦天之道，利而不害：天生养万物，故无所不生，无所不长，生生不穷，化之无尽，爱育如子，百般佑护，毫无伤害之心。河上公章句："天生万物，爱育之，令长大，无所伤害也。"⑧圣人之道，为而不争：圣人能效法天道的法则，无为而为，因物付物，顺其自然，一无所争。河上公章句："圣人法天所施为，化成事就，不与下争功名，故能全其圣功也。"

【译文】诚实之言，句句真实质朴，没有虚伪粉饰，言之有物，言之有理；浮华虚伪之言，巧舌如簧，美言悦人，虚诞无凭，言而无信。有道之人，谦德自养，含光内敛，言无文饰，句句真实不虚，合于天道真理，通达尘俗人事，不与人争，不逞言辩；无道之人，却心中空虚，正气不足，真理不明，缺乏德性涵养，自作聪明，口巧舌辩，夸夸其谈，以逞其能。了悟宇宙人生真谛的大智慧者，含光内敛，厚德贵藏，明觉四达，洞晓阴阳，抱一守元，专心致静，绝学无忧，绝圣弃智。博古通今的才学之士，多闻博知，徒知表象，不悟实理，囿于形色，不能穷尽万事万物的根本真理，不能洞达宇宙人生的玄妙大道。

有道的圣人，不积功，不蓄财，无私无欲，行德以化民，而德愈厚，施财以济人，而财愈多。

上天长养万物，无所不生，无所不长，生生不穷，化之无尽，爱育如子，百般佑护，毫无伤害之心。圣人效法天道，无为而为，因物付物，顺其自然，一无所争。

谦德国学文库丛书

（已出书目）